JN097588

構築・宣伝・集客・受講生のフォローまで

オンラインスクール
つくり方・育て方

堺谷 友晴
オンラインスクール事業プロデューサー

BAB JAPAN

はじめに

　突然ですが、以下の中で一つでもあてはまることはありますか？

　□自分の専門知識・技術、経験をオンラインスクール化したいけれど、どうしていいかわからない。

　□今のサロン運営だけでは限界を感じる。ステップアップのためにオンライン化にチャレンジしてみたい。

　□すでにスクール事業を対面で行っているが、オンラインスクール化して、全国に受講者を増やしたい。

　□すでにオンラインスクールを運営しているが、受講生の満足度をもっと上げて事業拡大したい。

一つでも
あてはまっていたら
この本は
あなたのための本です！

コロナ禍でセラピストの存在が絶たれる!?

　2020年より始まったコロナショック後、すべてのビジネスのあり方、これまでの常識が一変しました。私はこれまで20年以上スクールを運営し、多くのセラピストを養成してきました。

　セラピスト養成スクールでは、施術の技術を教える講座が最も重要なのはいうまでもありません。リアルの授業でないと、施術の講義は成り立たない……にもかかわらず、そんな当たり前が通用しなくなったのです。

　突然、隕石が降って来たような衝撃でした。予定していたスクールのスケジュールがすべてキャンセルされ、再開のめどは立ちません。受講生を募集したくても、募集することが不謹慎のような風潮です。どんどん減っていく現金。倒産するというのはこういう流れなのかと、はじめて恐怖を感じた瞬間でした。

■「オンラインスクール」という
■時代の波にのる

　先が見えない中、何かできることがないかと必死で考えました。そこでオンラインスクールにチャレンジしようと思ったのです。

　これまでリアル（対面）を前提とした授業を行ってきましたが、どうすれば最適な学習環境、体験を提供できるのか。それを知るために、世界中のオンラインスクールをリサーチしました。

　さらにコンサルティング、セミナー、書籍などでオンラインマーケティングを学びなおしました。これはと思う方法は即実践し、売り上げを最大化できる「正解」を探し続けたのです。

　とはいえ、セラピスト養成スクールのメインは、人の身体に触れる施術の講座です。リアルの実技講義でないと難しいコンテンツを、オンラインでも満足いただける内容で提供する。この部分にかなり試行錯誤を重ねました。

　なんとか形が整ったあとは、広告の発信から生徒の入校までのプロセスも、すべてオンラインで行うようにしました。

1人でも多くの方に、スクールに関心をお持ちいただきたいと、有料だったセミナーをすべて無料化しました。

▌オンラインスクールで事業拡大が可能に

　あれから3年経ち、弊社のスクール事業は一気に進化を遂げました。これまで関東、関西中心だった受講者が、オンライン化後、北海道から宮古島まで全国に受講者がいます。さらに、海外在住の受講者も増えています。

　スクールに関わる講師、スタッフとは、週に一度のオンラインミーティングで、「どうすれば、受講生の目的をもっと確実に実現させることができるのか？」という建設的なディスカッションを行っています。

　スクールは、海外で広く使われているオンラインスクールのひな型を取り入れ、講義映像、zoom、リアル講義、チャットを融合させた、最適な学習体験を提供しています。**「オンラインスクールの導入」という進化は、サービスの価値を高め、弊社に関わる講師、スタッフはもちろん、受講生のキャリアも変えるきっかけとなりました。**

小さな一歩であなたの世界が広がる

本書では、22年もの間、積み重ねてきたスクール事業成功の「肝」、通常、弊社スクール、コンサルティングなどで、有料でご提供している、オンラインスクール構築のノウハウを、余すことなくお伝えしたいと思います。

もしあなたが、まだ講師業やスクール事業をやったことがない、ということでも大丈夫。パソコン、ＩＴは苦手でも、インターネットやメールができれば心配はいりません。

ご紹介しているステップに沿って一つずつ実践していただければ、**90日後には、オリジナルのオンラインスクールが立ち上がっている**ことでしょう。そして、あなたのファンになった受講生に囲まれ、今の収入に、一月10万円、いや30万円のプラスも可能になります。

さらに月商100万円以上をスクールで売り上げることも夢ではありません。当スクールには、実際に月収が10倍（150万円）になった受講生の方もいます。

あなたがすることは、本書を読み、素直に一つ一つ「やるべきこと（タスク）」を実践するだけです。
ただ、慣れない中で実践を積み重ねていく場合、開講直後は、あなたが満足するようなオンラインスクールの形でスタ

ートできないかもしれません。しかし、最初から完璧な形でスタートできる人など、ほぼいません。経験を積み重ねて改善し、あなたらしいオンラインスクールを構築することにチャレンジしていってください。

　まずは一歩踏み出してみませんか？
　自分が持つ知識や経験を伝えて感謝され、その対価を受け取ることができるスクール事業の素晴らしさを、私は日々実感しています。あなたの専門知識、技術、経験もまた、オンラインスクールを通して伝えていくことで、受講生の人生の進化に大きく貢献していくことでしょう。
　このスクール事業の魅力を、1人でも多くの方に味わっていただき、開講しているあなた自身の人生も変えるきっかけにしていただけたら、と思います。

目次 ━━━━━━━━━━━━━━━━━━━━━━━━

オンラインスクール基本の「き」

オンラインスクールの魅力を知っていただき、開講までにやるべきことの全体像をつかんでいただきます。

オンラインスクールの魅力①
稼働時間を減らせる

　まず、オンラインスクールをつくるとどのような未来が待っているのかを、お伝えします。

　一つめは、時間の自由を手に入れられることです。
　あなたが今、お客様と1対1の対面のみで施術している場合、あなたが頑張れば頑張るほど忙しくなってしまい、あなたが大切にしたい時間（家族との時間、自分の好きなことをする時間）が削られてしまいます。

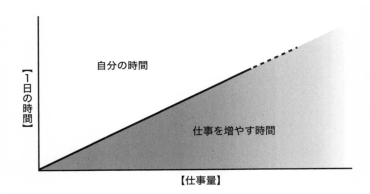

　しかし、オンラインスクールでは、収録した講義動画が、あなたの代わりに受講生に教えてくれます。しかも、オンラインなら、受講生10人、100人、1000人を一度に教えることができます。

　あなたは、**お客様に貢献しているという実感を持ちながら、時間の自由を得られる**のです。

　あなたは、下記の**「ウェルビーイング」**という言葉をご存知でしょうか？　あなたのサービスを必要とする受講生との社会的なつながりや必要とされる心の充実を得、稼働時間が少なくなった分、家族との時間、好きなこと、やりたいことへ時間をあてることができます。オンラインスクール化は、ウェルビーイングを実現する大きな一助になると思います。

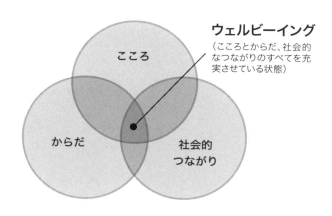

ウェルビーイング
（こころとからだ、社会的なつながりのすべてを充実させている状態）

こころ

からだ

社会的
つながり

オンラインスクールの魅力②

受講生を 全国に増やせる

「オンライン会議」「オンライン飲み会」などを経験した方は、家から一歩も出ずに自由に誰とでも会って話せる、オンラインならではの特徴をよくご存知でしょう。

これまで教室に来てもらわなければ教えられなかったことが、受講生の在住地域が限定されなくなります。つまり、**商圏が広がる**ということです。

私もオンラインスクール化して、実感したことがあります。ある講座の募集をしたところ、北海道、沖縄、海外から受講生が集まりました。しかも、遠いところにいる人ほど、学びの熱量を感じたのです。

さまざまな地域の受講者が増えると、受講者同士の横のつながりも変化に富みます。受講生間でも、全国各地ひいては海外からも受講者がいることに魅力を感じる人は多いです。

スクールの運営側としては、全国、全世界から受講生を募集できることにより、事業拡大のスピードを一気に早めることが可能となります。

key point

　オンライン授業の場合、どんな地域に在住していたとしても、スクールが掲げている受講後のゴールをしっかりと達成できるようなカリキュラムを組み、サポートすることが重要になります。

　なぜなら、リアルの授業であれば、受講者の理解度、習熟度に合わせてその場で確認しながら進めていけますが、オンライン上だと確認がしにくいからです。一方通行なカリキュラムとなると、受講したのにゴールが達成できない受講者が続出するということが起きてしまいます。

　このようなことを防ぐには、受講前にどのような心持ちで受講したらよいかという、学習ガイドの共有が重要になります。

オンラインスクールの魅力③

今後、オンラインスクールは確実に広がる!

　コロナ禍におけるオンライン化の促進、5G(第5世代移動通信システム)などの普及により、オンラインスクールはもっと広がっていくといわれています。そのような成長市場において、あなたの専門技術をオンラインスクールで教えることには、大いなる成功のチャンスがあります。

　この成長の背景で大きいと思うのが、**オンラインスクールを実際に稼働させるための、システムの経済的負担の変化**です。今までは、スクールを稼働させるためには、安くても数百万、高いと数千万かかっていました。

　しかし今では、オンラインスクールの映像教材を視聴するコンテンツサイトのシステム利用料は、月額1万円以下で必要な機能が使用できます。

　さらに、スマホができる前とあとのように、機能の充実度が大きく変化しています。アメリカを中心とした世界中に、このシステムを駆使したオンラインスクールが存在し、海外では年収10億円を超えるオンラインスクール長者が生まれ

ているほどです。

　このような動きは、ここ数年で日本にも一気に広まってきています。これまでオンラインサロンを主宰したり、ユーチューバーとして活動したりしていたユーザーを抱える方も参入し、市場はさらに活性化するでしょう。

　いつの時代でもそうですが、知れ渡ってしまってから参入すると、市場は成熟し、一般の人の理解度も高いので販売はしやすくなります。しかし、ライバルが多いので、あなたが提供したいサービスは、すでにどこかの誰かが提供してしまっているかもしれません。

　まさにこれは、今のYouTube、Instagram、オンラインサロンのことです。ただし、オンラインスクール市場は、まさにこれから成長していく市場です。だからいち早く参入することで、あなたがオンラインスクールにおける第一人者としてのポジションを取ることが可能となります。

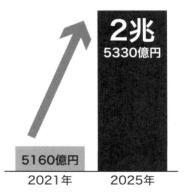

〈オンラインスクール市場予測〉

2兆
5330億円

5160億円

2021年　　2025年

オンラインサロンと
オンラインスクール、
どう違う？

　ここまで、オンラインスクールを始めることのメリットをお伝えしてきました。しかし、そもそもオンラインスクールって何？　オンラインサロンとどう違うの？　という疑問をお持ちの方も多いと思います。

　その違いを表にまとめてみました。オンラインサロンとの決定的な違いは、スクール（学校）ですから、受講して受け取れるノウハウ、スキルの深さが違うということになります。

　スクールは、卒業後に何からのスキル、キャリアアップを期待して入校する方が多いです。一方、オンラインサロンへの入会動機はそこまで深くないケースが多くなります。

　提供する内容と価値の違いが、コンテンツの深さの違いとなります。そうなると、1名あたりの販売単価も違ってきます。現状のオンラインサロンは、講師が何かを教える形（スキルシェア型）もありますが、サロンという性格上、そこまで深いスキルシェアとなりにくいのが実情です。運営者にとっても、本命スクールへ誘因するお試しの意味づけが多くな

	オンラインサロン	オンラインスクール
商圏	全国	全国
コンテンツ タイプ	コミュニティ型、 ファンクラブ型、 ノウハウ、スキルシェア型	ノウハウ、スキルシェア型 (セミナー、スクール、協会)
コンテンツ 提供内容	チャット、zoom、 録画映像	録画映像、zoom、 リアル講義、個別サポート、 チャットサポート
プラット フォーム	オンラインサロンプラット フォーム(CAMPFIRE DMM オンラインサロン FANTS) またはオリジナルコンテンツ	オンラインサロンプラッ トフォーム(Teachable THINKIFIC) またはオリジナルコンテンツ
プラットフォー ム費用	サロン総売り上げ 10%〜30% または 初期費用50万円程度かかる	月額1万円前後
販売形式	サブスク型	セミナー型、サブスク型、 受講料型など自由に設定
価格	月額数千円〜1万円前後	セミナー型: 1回数千円〜1万円 サブスク型: 月額1万円〜10万円 受講料型:10万〜200万円
集客方法	サロン講師の知名度による が、講師のSNSなどが中心	Udemy™など販売サイト、 講師のSNS、広告

いのです。サロンは、たとえていうなら、著名人のファンクラブのようなイメージです。そのため、知名度の低い方が今から参入したとしても、会員を多く集めることは難しいでしょう。

　しかしながら、オンラインスクールは内容を充実させることによって価値を高め、販売単価を上げることができます。仮に受講者が少なかったとしても、1人あたりの単価はサロンに比べて大きな売り上げが期待できます。

exsample

例）50万円の売り上げをつくるには……

[オンラインサロン]
1人あたり5,000円（500,000円÷5,000円）
=100名の会員が必要

[オンラインスクール]
1人あたり10万円（500,000円÷100,000円）
=5名の受講者が必要

　オンラインサロンの場合、自らがコンテンツ提供者になることでビジネスが成り立つことがほとんどです。この場合、その場に主催者がいることが必要となります。

　対してオンラインスクールの場合、自分が講師を務める場合と、収録済みの授業を提供することもできます。また、講師を別の方にお願いすることもできます。

オンラインスクールは90日でできる！

　これからの成長が確実に期待できるオンラインスクールを始めるには、今はまたとないタイミングであることはご理解いただけたと思います。

　それではこのステップの最後に、オンラインスクール立ち上げまでの全体像についてお伝えします。ただし単に自分の専門知識、技術をオンラインスクールで伝える（販売する）だけでは、決して受講生は集まりません。これはオンラインでも、リアルの講座でも同じです。

　では、どうすれば人気のあるオンラインスクールがつくれるのかというと、以下のステップを一つ一つ形にしていってください。もしあなたが、今回はじめてオンラインスクールを立ち上げるのだとしても、受講生に愛されるオンラインスクールをつくることができます。

　本書の流れをそのままやっていただければ、90日後にはスクールの募集を開始できるような構成にしています。まずは素直に一つ一つのワークを実践してみてください。

スクールの立ち上げ・受講生募集準備

1
情熱、価値観、目的の発見

2
コンセプトメイキング
（どのようなスクールに
するのか）

3
カリキュラム＆商品設計

4
集客〜入校設計

受講生募集
（状況にもよるが、90日間はかけたい）

- セミナー、個別相談会開催
- 教材制作
- 入校前のフォローアップ
- 入校前オリエンテーション

事例 1

月収が 15 万円から 150 万円に！

JPYA（日本パーソナルヨガ協会）マスタートレーナー
木村匠さん

　コロナ禍でスタジオの多くが閉鎖し、活動できない状態の中、自主開催レッスンのオンラインクラスを主催、その後サブスク型のオンラインヨガスタジオを開設、さらに高単価のオンラインスクール教材を販売。あっという間に月収 150 万を達成されました。（堺谷）

　オンライン導入前はスタジオレッスンがメインでした。そうすると、会員さんが 100 名いるスタジオだと、80 人くらいが満足しなければ、スクール維持は難しいのです。そのため、受け入れてもらいやすくするには、個性を控えてあたりさわりのないレッスンをするということになります。

　それがオンラインだと、場所も時間も選ばないため、一気に生徒さん候補の母数が増えます。当時はインスタグラムのフォロワーが 1,000 人でしたが、個性を出したレッスンでも、10 人中 1 人に選ばれれば、100 人の生徒さんを獲得できます。しかもこの 10 人中 1 人は、僕の強い個性に惹かれてくれた方なので心強い「ファン」となってくれます。

　自分自身の「やりがい」を考えても、オンラインスクール事業の扉を開いたことは正解であったと確信しています。

STEP1　Day1〜10

あなたが
オンラインスクールを
つくる前に
やるべきこと

あなたの「心の軸」を明確にしていきます。
このステップを踏むと、オンラインスクールの構築で
得たい未来が明確になります。

Day 1

task

オンラインスクール構築の不安を払う

　ここまで読んでいただき、オンラインスクールをつくるメリットや、今が絶好のタイミングであることを理解いただけたと思います。しかし、「確かに今だ」ということはわかっても、現状を打開したいと思っていても、動けない人もいることでしょう。

　メリットやタイミングだけでは、あなたがオンラインスクールを立ち上げることに、積極的にはなれないかもしれません。

　その理由は、「あなた自身の問題」が大きく関わっているのではないでしょうか？　弊社の講座を経てオンラインスクールを立ち上げた方々も、説明を聞きながらある悩みを抱えていました。

　最も多かった悩みは次ページの３つです。あなたも、この３つにあてはまるところがあるのではないでしょうか？

オンラインスクール構築に 立ちはだかる **3**つの壁

① 私のスキルは オンラインスクールで 教えていいレベル？

③ 自分の経験、技術は 「商品」になる？

② パソコン操作に 自信がない

これらの悩みをお持ちであれば、次ページ以降で、私が簡単に解決してみせましょう！

①私のスキルはオンラインスクールで 教えていいレベル？

　スクールの講師経験がない方、もしくは自信のない方はまずこのような「自信の壁」にぶつかります。ただこの点は、まったく問題ありません。安心してください。

　スクールというのは、プロを養成するスクールから、一般の方、初心者の方向けにスキルを教えるスクールまで、さまざまな切り口があります。あなたがこれまで経験したこと、学んだこと、情熱を持って伝えたいことを必要としている人は必ずいます。

　あなたが本当に心から教えるべきだと確信し、たとえあなたが講師としての実績、経験が不足していたとしても、必要とされる分野を見つけることはできるはずです。そしてこのような方向性を見出す際も、**他人と自分を比較するのではなく、あなた自身の情熱、価値観、目的、ビジョンを明確にすること**により、最初の一歩を踏み出す勇気が湧いてきます。

②パソコン操作に自信がない

　オンラインスクールと聞くと、このような心配を持つ方が

多いと感じます。特に今までリアルなサービス提供をベース
としてきた方に多いようです。

　もちろん、ある程度のレベルのパソコン操作はできたほう
がいいでしょう。ただし、パソコン操作でぶつかる悩みは、
ほぼ100％、インターネットで検索すれば解決します。オン
ラインスクールを構築するのに最低限必要なパソコン操作
は、以下4点ぐらいです。

・講義資料をつくる
・講義映像をつくる
・つくった資料、映像をオンラインスクールのひな型へア
　ップロードする
・チャットで受講者の質問・疑問へ回答する

　講義映像をつくったことない方には難易度が高そうに感
じるかもしれませんが、インターネットの検索で「ズームで
授業ビデオをつくる」と検索すれば、すぐに解決法が見つか
ります。

　操作の問題は、オンラインスクールをつくるというイメー
ジを明確に持ち、解決しなければならないと覚悟すれば、必
ず解決することができます。

③自分の経験、スキルは「商品」になる？

　この問題はオンラインスクールに限らず、あらゆる商品をつくるとき、必ず現れる壁です。多くの方がこの問題を解決しようと、「どうすればほかと差別化できるか？」「今、売れているジャンル、分野で自分なりの商品をつくれないか？」などと考えます。

　このような考え方は、決して間違っていません。私もこのようなことを常に考え、試行錯誤しています。

　ただし、これらのノウハウ、メソッド、トレンドなどは、あくまでオンラインスクール構築の要素の一つにすぎません。その前に、**「なぜ、あなたのスクールが売れなければならないのか？」というあなたの内なる動機を明確にする**のが先になります。

　実際に本書の冒頭でお伝えしたコロナ禍になる前に、私自身もこのあと紹介するワークをしていました。そのおかげで、自分自身の情熱、価値観、目的、ビジョンを明確にしていたため、たいへんな状況の中でも、行動するべき理由が明確になっていたのです。

　その動機に従って行動できたことは、オンラインスクール運営に非常に大きく貢献していると思います。反対に、私が

これまで関わったスクールで失敗したケースの多くは、講師、事務局側で、スクール設立の目的が明確になっていませんでした。

　素晴らしいスクール企画をつくり、ある程度受講者が集まったとしても、あるタイミングで今までの販売方法が伸び悩みます。これもまた一つの壁です。

　壁にぶつかったときにあなたの動機があいまいだと、壁を乗り越えるために頑張る理由が見出せなくなります。そうなると、あきらめてしまいがちなのです。

　結果、販売手法、教育内容の進化は止まり、受講者から求められなくなり、最悪なくなるということになります。ですので、もしあなたが、いつまでも受講者に求められるオンラインスクールを運営したいと思うなら、ぜひ、このワークから始めてください。そして、**あなたの情熱、価値観、目的、ビジョンを明確にしましょう。**

　それでは次のページから、実際に私が行ったワークをご紹介します。このワークは、私自身、今もやり続けていますし、当スクールの有料講座でもご紹介しています。

　このワークを明日から７日間ぐらいかけ、自分が納得できるところまで３回ぐらい繰り返してやってみましょう。

task

動機を明確にする ワークを行う(ワーク1)

　これまで、私自身がさまざまな教育事業を立ち上げてきました。その経験により導かれた、スクールを立ち上げる際に最も大切なことは、**多くの受講生に求められ続けるスクールをつくれるかどうか**ということです。

　ここでポイントとなるのは、どんなカリキュラムでどんな授業をするか、またその内容が競合のスクールとどう違うかということではありません。

　大切なのは、スクールの提供側、つまりあなたの、**スクールを構築する内なる情熱、価値観、目的、ビジョンを明確にする**ことです。これが非常に重要になります。

　次ページにあげた問いに明確に答えることができ、それを実際に文章にすることができるでしょうか？　あなたがオンラインスクールを始めるべき理由を明確にしてから、行動してください。

　実際に、問題が起こるなどの壁にぶつかったとき、この答えを見返すことで、あなたの情熱が再び湧き上がることでしょう。それがさまざまな壁を乗り越える、原動力になります。

なぜ、あなたは
このスクールを
提供したいのか？

どんな人に
あなたのスクールに
受講してもらい、
どうなって欲しいのか？

その結果、
あなた自身は
どんな人生を送ることが
幸せと感じるのか？

またあなたは
どのような状況になると
怒り、不安、いやな感情を
持つのか？

　上記の問いに対する答えを自分の中ではっきりさせるために、ワークを行います。

次のような手順で次ページからのワークを行います。

①質問をノートに書いて、手書きで行う。
②1回は何も考えずに思ったままを書き、読み返して自分が納得できるまで3回ぐらい書き直す。
③誰に見られるわけではないので、他者にどう思われるなどいっさい気にせず、素直な気持ちでありのままを書く。

　年始や、スクールを始めて半年以上経ったなど、区切りのいいタイミングで継続して書き続けてみることをおすすめします。何か壁にぶつかったときにも、見直しましょう。

価値観、情熱、目的、ビジョン発見ワーク

①あなたが望まないもの

あなたが人生で望まないものは何でしょうか？

あなたの人生に合わないことは何でしょう？

達成するのが難しいからしないのではなく、自らが望んでいないことは何でしょうか？

望まないことをあえて考えることによって、自分に正直になれます。リストに上がったうちのいくつかは、まわりの環境を変えることによって、対応できるかもしれません。ほかのいくつかは、変わらないかもしれません。

それらを消し去ろうとするのではなく、それらとうまく折り合いをつける方法を学びましょう。あまり考えすぎることなく、人生で望まないものを最低5個以上、リストアップしてください。

怒り、ストレス、フラストレーション、恐怖、嫌悪など何でもOKです。それぞれについて振り返ってみましょう。そして、その中からもっとも望まないことを、5個か6個選んでください。

②あなたが望むもの

　あなたがもっとも情熱を感じることは何でしょうか？
ここでは、お金などの物質的な目標は外してください。
　ここでは、人生におけるやりがいや、有意義だと思うこと
を考えてください。あなたのオンラインスクールのテーマ
が、意義ある人生に貢献するようなものであれば、経済的な
目標も実現されていきます。

　あなたが、深い満足感を感じるものは何でしょうか？
　忘れられないほどの、最高の体験は何ですか？
　あなたを突き動かしているものは何でしょうか？
　やりたいと望んでいながら、これまでやっていないことは
何でしょうか？

　人生で望むものをリストアップしてみましょう。
　望まないものを見れば、アイデアが湧いてくるはずです。
もの（物質面）やお金（経済面）のことではなく、幸せ、満
足、やる気、情熱など、感情面に焦点をあて、最低５個以上
あげてください。
　そして、それぞれの項目について振り返ってみましょう。
その中から、もっとも望むことを５個か６個選びましょう。

③優先順位と道中にあるもの

　次のステップは優先順位をつけることです。リストにしたそれぞれの項目について、「なぜこれが大切なのか？」と、自問してみましょう。

　たとえば、「顧客の人生に楽しみをもたらしたい」という項目があったとしたら、もう一歩進んで、それはなぜかを考えてみます。あなた自身は顧客に楽しみをもたらすことによって、どのように感じるでしょうか？　その感情は、ほかの質問であげた、「望むこと」の項目と関係のある言葉ではありませんか？

　人生で望むものとして選んだ項目を、優先順位の高い順に並べてください。そして、それらひとつひとつを考え、もし望んでも得られないという言葉があれば、その原因は何なのかを書き出してみましょう。

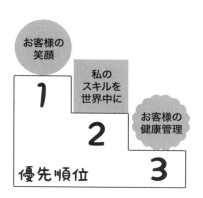

④あなたのコアバリュー（核心的な価値観）は何？

　すでにご存知の方もいるかもしれませんが、私たちは環境に左右される動物です。子どものころは親から大きな影響を受けます。また、通った学校、宗教（信仰しているものがあれば）、環境にも影響を受けます。

　年齢を重ねるにしたがって、あなたの価値観のいくつかは、あなたが望む方向に作用します。しかしほかのいくつかは、望まない方向に作用します。ビジネスも同様です。

　健康、人間関係、仕事、遊び・趣味、経済面の5つのエリアについて、あなたがもっとも価値をおくことを書いてみてください。

　リストが出きったら、もっとも自分にあてはまると思えるものに丸をつけましょう。似たような項目があればまとめて、合計で10個以内に収まるようにしてください。

・健康

・人間関係

・仕事

・遊び、趣味

・経済面

⑤賛辞の言葉を書く

　あなたの人生最後の日を思い浮かべましょう。幸せで満ち足りた人生を送り、あなたの人生は終わりを迎えます。望むような人生を送ることができたと仮定して、人生を振り返ってみましょう。

　あなたのごく親しい人たちは、あなたの人生について、どんな賛辞の言葉を贈ってくれるでしょうか？　どのように言ってほしいかを書いてみましょう。

　これは一見、ビジネスと無関係のように思えるかもしれません。しかし、**そこに書かれた自分と今の自分を見比べることによって、真になりたかった自分になるための変化を始めることができます。賛辞の言葉を書くことは、ビジョンを書くのと同じようなものなのです。**

　これまでの人生は変えられません。しかし、これからの人生に、新しいストーリーをつくることができます。

　あなたがまだ内に秘めたままにしていることは何でしょう？　**ゴールが明確であればあるほど、そこに至る道を描くことも簡単になります。**あなたが何によって覚えられたいかを定義することによって、これからやってくる挑戦のための新たな羅針盤を得ることができるでしょう。

⑥人生の目的を明確にする

　ここまでの質問で、あなたは自分自身について深いところまで発見することができたはずです。

　まず「望まないこと」「最も情熱的に望んでいること」が明らかになりました。

　自分の価値観について理解し、賛辞の言葉も書きました。これは人生とビジネスの両方で、自分がどのような人間になるかを表しています。

　これまでのワークを振り返り、**繰り返し出てくる言葉や似たような言葉を探してみましょう。なぜそれらの言葉が繰り返されているのかを考えてみてください。**

　あなたが全身全霊を込めて、やっていることに打ち込んだとき、人生はどのようなものになるでしょうか？　人生の目的を書いてみてください。「これが私の人生だ！　これが世の中に表現したいことだ！」と思えるまで、言葉や言いまわしを変えてみましょう。

あなたがオンラインスクールをつくる前にやるべきこと

私の人生の 目的は？	
私を突き動かす 情熱は？	
私が 最も大切に している 価値観は？	

⑦個人的な目標を決める

　最後のステップは、個人的な目標を考えることです。これまでのプロセスは、意義ある人生を送るためのビジネスを、うまくいかせるにはどうしたらよいか、ということの基盤となります。

　ビジネスがあなたの人生そのものを豊かにし、うまくいくものであれば、日常の人生もビジネスも境目がなくなることでしょう。つまり、すべて同じ「あなた」になります。会社で打ち合わせしているときも、自宅で子どもの宿題を手伝っているときも、同じ「あなた」になるということです。

　個人的な目標とは、一定期間であなたが成し遂げたいことを指しています。たとえば、家族と休暇をどれくらい過ごしたいか？とか、家や車をいつ買うか？ とか、能力面で向上させたいことは何か？ などです。

　個人的な目標は、物質的なものや経済的なもの、人生の質に関するものなど、なんでも構いません。ただし、あなたの価値観や情熱、目的に沿っていなければなりません。

　もし沿っていなければ、「なぜ、このような目標をあげたのか？」と、自分自身に問いかけてください。

あなたがオンラインスクールをつくる前にやるべきこと

	6か月後	1年後	3年後	5年後	10年後
収入					
仕事の内容					
自己成長					
家族・人間関係					
趣味・遊び・体験					
買い物					
その他					

task

あなたの夢を現実に変えていく「夢の因数分解」

　ワーク1をやってみて、いかがでしたか？

　恐らくスイスイできたという方と、まだうまく言語化できていないという方がいることでしょう。ぜひ、納得がいくまで書き直してみてください。

　このワークはほかでもないあなたの、心の中にしか正解が出せないワークです。**自分の情熱、価値観、目的、ビジョンが明確になることで、あなたを取り巻くすべてのことに対して揺るぎない方向性を見つけることが可能となります。**

　きっと今のあなたは、おぼろげながら次ページの質問に答えられるようになっていることでしょう。

　本書を手にしたあなたにとって、オンラインスクールを構築することは、きっとあなたの人生の夢で、理想を叶えるプロセスの一つです。この内なるあなたの情熱が、必ず訪れるあなたを妨げるさまざまな壁を、乗り越えるガソリンになります。

　それではここからは、このワークで記載したあなたの夢、

□なぜ、あなたはこのスクールを提供した
いのか?

□どんな人にあなたのスクールに受講して
もらい、その人にどうなってほしいのか?

□その結果、あなた自身はどんな人生を
送ることが幸せと感じるのか?

□またあなたはどのような状況になると怒
り、不安、いやな感情を持つのか?

理想の解像度をさらに上げ、それを行動に移し、現実に変えて行く方法をお伝えしていきたいと思います。

　実は私のコンサルティング、講座では、今回と同じようなワークをやっていただくと、最後の具体的な目標設定の箇所で止まってしまう方が数多くいます。その理由は、自分がこうありたいと思った目標（たとえば、「オンラインスクールを立ち上げ、3か月後に月30万以上を売り上げる」）を紙に書いても、何か現実感が湧かないからです。

　特にこれは、今まで自分が行ってこなかった類の目標設定だと、このようなことが多々起きます。その結果、何となくできそうな目標設定に、ハードルを下げてしまうのです。

　では、なぜやったことがないことを目標設定すると、現実感がないのでしょうか。

　それは、目標達成の要素を一つ一つ理解していないからです。目標を達成するためには何をすればよいのか、あなたが取るべき行動が明確になっていないのかもしれません。

　未経験のことだと、その目標を達成するポイントがわからないので、イメージができないのです。そうすると、行動に移せないため、結果的に現実はいっさい変わらないということになってしまいます。

　このようなとき、仮に未経験のことであったとしても、想像でよいので実現までのストーリーをつくっていきます。そして、目標を達成するまでを段階に分け、段階ごとに何をしたらよいのか、細かく分解します。その要素を実際に行動に移し、現実と想像のギャップの部分修正をし続けます。

　そうすると、今まで見えていなかった「すべきこと」が見えてきます。最初は目標達成の行動に確信が持てなかったのが、行動すれば行動するほど、目標達成が近づいていく感覚を得ることができます。

　もちろん、やったことのないこと、今回の「オンラインスクールを立ち上げる」という目標については、まず本書を最後まで通して読んでください。そして、日程ごとにすべきことを書き出してみてください。

このプロセスを、「夢の因数分解」と呼んでいます。

　ちなみにこの目標をより詳細に因数分解していく際に役立つのが、SMART の法則といわれる目標を具体的にしていく方法です。SMART というのは、次の言葉の頭文字をとっています。

Specific（具体的である）

Measurable（計測ができる）

Agreed upon（同意している）

Realistic（現実的である）

Timely（期日が明確）

　たとえば、「オンラインスクールを構築して、3か月後に月30万円を売り上げる」。この目標を漠然と掲げるだけでは、現実味が薄いと思います。では、SMARTの法則に沿って目標を分解していきます。

　仮にあなたが、これまでオンラインスクールを構築したことがなくても、このように具体的な数字が入ってやるべきことを明確にしていくと、なんだかできるような気がしてきませんか？

　まずは自分がそれをやりきることを同意できる点を見つけて、書いてみましょう。

・Specific（具体的である）

月30万円　1名@受講料10万円＝月に3名成約

・Measurable（計測ができる）

月3名成約のために、成約率50％で個別相談会を実施し、6名の方に参加いただく。

・Agreed upon（同意している）

人数はそこまで多くなく、充分実行できると確信できる。

・Realistic（現実的である）

6名の方に個別相談会に参加いただくためにできること

Instagramに投稿　1日1回

スクールの体験セミナーを月2回開催し、まずは知り合い10名ぐらいに参加してもらう。

・Timely（期日が明確）

今から3か月後の〇月〇日

さて、書き出した夢の実現をさらに後押しする方法があります。「ＰＤＣＡ」という言葉はご存知でしょうか？　これは以下の言葉の頭文字をとっています。

P（PLAN ＝行動を計画）
D（DO ＝実行）
C（CHECK ＝実行した結果分析）
A（ACTION ＝再度行動計画を修正し実行）

　このプロセスをうまく回すコツは、まずはこうしたらもっと解像度が上がる、成功するかも、と思った行動をし続けることです。目標達成が、何か現実感がないと感じるときは、ズバリ行動量が足りていないのが原因だと考えたほうがよいでしょう。
　自分が立てた目標が未経験の際には、その目標を達成したことがある方を探し、その方の書籍、セミナー、実際に会って聞けるなら聞くなどのような行動も重要です。つまりイメージが湧かない、壁にぶつかったという現実があなたの前に来たとしても、成功するまで決してあきらめずに行動し続けるという心構えが大切であるということです。

〈PDCAサイクル〉

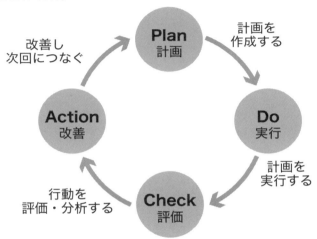

「私は失敗したことがない。ただ、1万とおり
のうまくいかない方法を見つけただけだ」
　　　　　　　　　　　　　　　　トーマスエジソン

　彼は、何度も何度も失敗を繰り返しながら、決してあきら
めずに挑戦し続け、ついには、たくさんの発明を世に出しま
した。エジソンの言葉はこのPDCAの本質を表しています。
この失敗を、うまくいかない方法を見つけたととらえること
で、行動を止めずにチャレンジを繰り返すことができるよう
になります。ぜひ皆さんもエジソンマインドで夢の因数分
解をし続け、あなたの夢の実現をしましょう。

task

自分へのコミットメント をする(ワーク2)

　それでは、本章のまとめでオンラインスクール構築に対するあなたの理想の未来を記載してみましょう。ここはSMARTの法則に従い、イメージできる範囲で理想だと思うことを現実化することが大事です。

　期日は、あまり遠くない半年から1年ぐらいの期日を設定するとよいと思います。このワークが終わったあとに、何かワクワクした気持ちが湧き上がり、絶対にその未来を現実にするんだ、となっている状態が理想です。

　あなたがオンラインスクール開講後に実現する理想の未来は？　SMART（50ページ）に沿って構成要素を具体的に記載しましょう。

ワーク2

あなたがオンラインスクール開講後に実現する理想の未来は？ SMARTに沿って構成要素を具体的に記載しましょう。

上記を実現する日時は？

あなたはなぜ上記の理想の未来を実現したいのか？ しなければならないのか？

ワーク体験者の声

　ワーク１、ワーク２を行うことは、あなたが自分の世界を
もっと広げ、進化していくための今後の指針にもなります。
先述しましたが、これらのワークはオンラインスクール構築
だけでなく、仕事でもプライベートでも、あなたが将来描く
未来すべてにおいて、非常に重要な役割を担ってくれます。
　ここで、私のスクールで実際にワークを行い、どんなふう
に変化したのかをご紹介したいと思います。ぜひ一読され、
ワークの効果を信じて行ってみてください。

　ひとりめは、米山智子さん。オイルマッサージサロン「花
とき」のオーナーセラピストです。
　彼女はお子さんが２〜３歳という手がかかる時期にオン
ラインスクールを選ばれたという、オンラインのメリットを
生かした受講生です。やはり、まずワークをしていただいた
のですが、次のような気づきを得られました。

　「コンセプトづくりでサロンの軸を固められことは私にと
って大きな収穫でした。つくるまでは苦労しましたが、これ
までやってきた自分の経験やこれから自分がやりたいことの
棚卸しができたり、アドバイスをいただくことでアイデアが
まとめられたり、自分の中ではすごくいい！と思っているこ
とも、あとで客観的に見ると、実はもっといい考えがあった

り……。

　自分だけではここまでつくりきれなかったと思います。まわりからのウケがよいワードを並べてつくるコンセプトではなく、自分の中にある想いをしっかり盛り込んでつくるので、サロンをまわりに紹介するときの熱量も違ってきます。

　また、勤めていたサロンで運営にも携わっていたので、サロンの立ち上げに必要な物・ツールが頭にはありましたが、受講前はどこから手をつけたらいいのかわからないという状態でした。

　そこを早めに抜け出せたことも、サロン運営の大きな足がかりになっています」。

　ふたりめは、内木仁美さん。ボディケアサロン「S優」のオーナートレーナー兼セラピストです。日本タイ古式マッサージ協会のオンラインスクールを受講されました。彼女は自宅でのサロンを開業するにあたり、ワークを受けてくださいました。

　「フリーのインストラクターとして活動してきましたが、歳を重ねてこれからのことを考えたとき、自分の店を開業し、収入を増やし、家族との時間をつくりたいと思いました。

　経営に関して何も知らない私は、堺谷さんに言われるがま

まに期日までにやらなければならないことを、なんとかこな
そうと動いてきました。

　最初は何が何だかわからなくて、やらされている感があり
ましたが、言われるがままに行っていくうちにちょっとずつ
形になっていきました。

　お客様の声をいただいたり、写真をお願いするにも、お客
様の反応が心配でしたが、ちゃんと想いを伝えることで協力
してくださったり、よりコミュニケーションが深まったり、
準備でいろいろな業者の方とのつながりができたりと、少し
ずつでも行動することで、未来が変わっていくことを感じら
れました」。

コラム

夢の因数分解をしてみたら……

　ちなみに私が、先ほどの目標を因数分解していくと、このようになります。

〈因数分解前の目標設定〉

「オンラインスクールを構築し、1年後に月100万円以上の売り上げを出す」

　これでは漠然としているので、どうすれば100万円の売り上げが実現するかを、具体的に因数分解します。

〈因数分解後の目標設定〉

「オンラインスクールを構築し、1年後にスクールの受講料30万円×4名成約＝売り上げ120万円が売れ続ける」

　スクールの単価を仮に30万円の高額商品に設定すると、100万円以上を達成するには毎月4名以上の成約が必要です。

　目標を達成するうえで必要な要素を7つ以上因数分解し、**重要なものを2つに絞ります。**

・30万円以上で売れる商品が必要

・<u>**売れるコンセプトが必要**</u>

・商品を学ぶプラットフォームが必要

・集客をどうするか？

・講師、メンバーの気持ちをどうやって合わせるか

・サポート内容をどうするか？

・集客のための資金をどうするか？

・他スクールの動向をどうやってリサーチするか？

　先の要素2つを達成するにはどんな行動をすれば達成できるでしょうか？　細分化して考え、**さらに重要だと思うものを3つに絞ります。**

・<u>**すでに高単価で販売されている市場をリサーチする。**</u>

・<u>**競合スクールをリサーチし、強み、弱みを分析する。**</u>

・<u>**過去に自分の商品を購入いただいた方のインタビューを取り、強みを明確化する。**</u>

・広告代理店に連絡し、類似商品で30万円以上月4名以上成約する場合、費用感とどんなプロセスが必要かを確認する。

・売れるコンセプトを言語化する。

・受講者が結果を出せるサポートを検討する。

・受講見込み者の悩みを言語化するために、競合スクール

のLP（148ページ）を3社以上見て受講者の声を分析する。

納期、やることを明確な行動計画に落とし込みます。

①競合スクール3社をピックアップし、次回ミーティングまでにすべてのプロセスを講師と共有する。
②講師の先生に受講者インタビューを次回ミーティングまでにとってもらい、共有する。
③コンセプトメイキングシートに、他スクールのリサーチを元に仮でペルソナを設定し、言語化してみる。

　このように、最終的にすぐに行動するべきことまで落とし込みをすることが重要です。
　因数分解をする際に、自分にする質問としてはWHY（なぜ？）、HOW（どうやって？）の2つの質問を自分に問いかけ続けます。一つの事柄を、「なぜ？」と「どうやって？」の質問で深めていくイメージで行うと、要素を分解しやすくなります。
　この思考方法は、WHYツリー、HOWツリー（62ページ）と呼ばれ、課題を解決するうえで効果的とされる思考方法になります。ぜひ使いこなしていただき、自分のものにしてい

〈HOWツリー〉

```
                    1年後にオンライ
                    ンスクールで
                    月商100万円以
                    上達成
                         │
                        ┌┴┐ どう
                        │ │ やって?
                    月に100万円=
                    30万円×4名以
                    上売れ続けるとし
                    たら
```

30万円以上でも売れる商品 — 結果の出る受講生のサポート — 講師、スタッフのチーム構成、マインドセット — 受講生への授業の受け方ガイダンス — 4名成約÷成約率=毎月10名の個別相談

どうやって?（30万円以上でも売れる商品）
- 売れるコンセプトが明確
- 受講後の入口～出口が明確

どうやって?（4名成約÷成約率=毎月10名の個別相談）
- 広告からの集客
- SNS、紹介からの集客

- すでに高額で売れているニーズがある
- 自分の強みが生かせる　**どうやって?**

- 広告代理店に月10件の問い合わせを得るのにいくらかかるか、確認する
- SNSで月4名以上集客できそうな人を探してどのような発信をしているかリサーチする　**どうやって?**

- 他スクールを3社以上リサーチ　**どうやって?**
- お客様インタビューをとり、強みを言語化　**どうやって?**

きましょう。

この章でお伝えした【価値観、情熱、目的、ビジョン】発見、【夢の因数分解】、【HOW ツリー、WHY ツリー】、【PDCA サイクル（53 ページ）】は、あなたの夢の実現に効果を発揮します。
さらに、この考え方をあなたのスクールのカリキュラムに落とし込めば、受講者が結果を出すことができるカリキュラムを作成できます。

この内容をそのままあなたの講義に活用すれば、あなたの受講生に、より主体的になりたい自分へと動き出すきっかけを与える際にも活用可能です。
そのためにも、まずはあなた自身がこのワークを使いこなし、夢を実現していただきたいと思います。そうすることで、あなたは夢を実現した輝く講師として魅力が増し、あなたのスクールにはあなたのようになりたいという受講者がどんどん訪れることになります。

【Day1~10】チェックポイント

　さあ、オンラインスクールを構築する心の準備は完了しましたか？　以下を読んでチェックできたら、次の章へ進みましょう。

□オンラインスクールの可能性を理解し、あなたにもチャンスがあると感じる。

□あなたを「私にはできないかも」と委縮させるさまざまな理由を乗り越える。あなたの内面の価値観、情熱、目的を明確にするワークを実施し、オンラインスクールを構築するに際し、表面化させたやるべき理由を明確にする。

□ SMART の法則をもとに、短期的な目標を因数分解し、オンラインスクール構築後の未来をより現実的にイメージし、ワクワクできている。

売れるオンラインスクールのコンセプトのつくり方

あなたのオンラインスクールが、受講生であふれるスクールになれるかどうかを決定づける、コンセプトづくりをお伝えします。

なぜ売れるコンセプトが
必要なの？

　前章までのワークで、自分が実現したい夢や理想が明確に
なったと思います。そして、その夢を実現するための行動へ
と落とし込みをする方法も理解されたと思います。

　あなたの夢を実現するには、あなたのスクールが受講生か
ら求められ、売れなくてはなりません。そのために、あなた
のスクールのコンセプトを売れるコンセプトにします。

　ではなぜ（売れる）コンセプトが必要なのでしょうか？
人は、自分の欲求を満たしたり、不満、課題を解決するため
にお金を払って商品やサービスを求めます。

　お腹がすいたら食べ物を買ったり、レストランに行ったり
して食欲を満たします。ダイエットしたいと思ったら、ダイ
エットに成功した体験談の情報をネットで探すでしょう。そ
の結果、サプリメントがよさそうと思ったらサプリメントを
購入しますし、ジムがよさそうとなったら、ジムを探します。

世の中のあらゆる商品、サービスが、人の欲求、不満、課

題を解決するために成り立っているのです。ということは、あなたの商品、サービスがなくても、世の中の人の欲求、不満、課題を解決できる商品はすでにあるかもしれないのです。

　よってお客様があなたの商品やサービスを買うべき理由を伝える明確なコンセプトがないと、多くの商品に埋もれてしまい、お客様に気づいていただけなくなります。いくらいい商品やサービスであっても、気づいてもらえなければ、絶対に売れることはありません。

　売り上げに困っている方のよくあるセリフが、これです。

「一度でも私の商品、サービスを体験してもらえば違いがわかってもらえるのに……」

　ただ、「まずは体験する」という行為は、買う側からするとあなたが思っている以上にハードルが高いのです。なぜなら、わざわざ冒険しなくても、自分の欲求、課題を解決してくれるサービスが世の中にあふれているからです。

　特にあなたのことを知らない方にも、あなたの商品やサービスの必要性を感じていただくには、売れるコンセプトの有無は圧倒的な売り上げの違いを生みます。

　ここでは、**売れるコンセプトを明確化する6つのプロセス**をお伝えしていきます。

task

市場を3回絞る!

　売れるコンセプトをつくる第一歩は、**どの市場であなたの
オンラインスクールを構築するかを決める**ことです。市場を
絞ることは非常に重要で、絞り方を間違えると、頑張っても
全く売れないということになります。

　このような事態を避けて、あなたのオンラインスクールが
際立つためには、すでに売れている市場を小さく絞り込みま
す。そこで大きな存在感が出るような特徴を出していく必要
があります。

　イメージとしては、小さい市場で大きな魚になるイメージ
です。大きな市場であるほど、需要は大きいのですが、誰も
が知っている大きな企業や著名な方が多数参入しています。
そこでは、商品やサービスの差別化が難しくなります。

　逆に小さすぎる市場だと、ライバルは少ないけれど、需要
も少ないため、売れるという状態をつくりづらくなります。

　たとえば、Google 検索で、

「セラピストスクール」と検索すると、広告を出しているス
クールや有名セラピスト講師のスクールなどが出てきます。

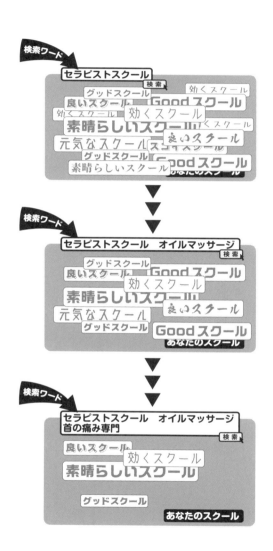

この状態だと、まだ実績の少ないあなたのスクールは選ばれ
づらい状況で、広告を出したとしても費用がかかってしまい
ます。

　そこで、ここからさらに市場を絞り、

「セラピストスクール　オイルマッサージ」と施術技術を絞
ってみます。

　そうするとまだまだ似たようなスクールが出てきます。つ
まり、まだまだ絞り込みが足りないということになります。

　ここからさらに絞り、

「セラピストスクール　オイルマッサージ　首の痛み専門」
と絞ってみます。そうすると、広告や有名なスクールなどの
情報が、あまり出てこなくなります。

　そこであなたが、以下のようなスクールを打ち出したとし
ます。

**「首の痛み専門　オンラインで学べるオイルマッサージスク
ール」**

　きっと首の痛みで悩むお客様を抱えている、オイルマッサ
ージのセラピストは、興味を持つと思いませんか？

　このように、最後の３段階目の絞り込みは、他スクールが

提供できていないものを見つけます。自分のスクールの見込み客が抱える、不満、課題となっている箇所をリサーチし、自社の強みを掛け合わせると、集客のしやすい市場が見えてきます。

例）セラピストスクール

第１段階の市場の絞り込み

<u>セラピストスクール</u>

↓

第２段階の市場の絞り込み

<u>セラピストスクール　オイルマッサージ</u>

↓

第３段階の市場の絞り込み

<u>セラピストスクール　オイルマッサージ　首の痛み専門</u>

key point

　対面授業の場合、ここに「東京都内」「大阪・京都」などの商圏の制限があります。しかし、オンラインスクールの場合、その制限がないので、全国に向けて発信できるのがメリットの一つとなります。

Day 15~30

task

徹底的に市場を リサーチ!

　オンラインスクールをゼロからつくる場合、どのようなスクールを構築すればうまくいくのか、市場調査は欠かせません。では、どのように調べると、自分が始めるオンラインスクール市場の絞り込みができるでしょうか?

　このリサーチを詳しく行うほど、あなたがつくりたいスクールの具体的なイメージが固まり、成功率が劇的に上がります。ここで成否は70%決まるといっても過言ではないくらい重要です。

　リサーチは、自分のやれることはすべてやるつもりで、妥協なく、徹底的にやることをおすすめします。

　特にGoogle検索やInstagram検索で、広告を出している同業他スクールを見つけたら、必ずチェックしましょう。詳細が確認できるホームページ、可能ならズームの説明会に参加するなど、詳細を直接確認するとよいでしょう。

　そうすることで、あなたのスクールが他スクールに負けている点、勝てる点が明確になります。オンラインスクールはインターネットを中心としたリサーチになることはいうまで

もありません。

　インターネットによるリサーチ方法のいろいろ。各方法の
解説は次ページをご覧ください。

☐ Goolge で検索
　https://www.google.com

☐ instagram で検索
　https://www.instagram.com

☐ Youtube で検索
　https://www.youtube.com

☐ Udemy™ で調べる
　https://www.udemy.com/

☐ Yahoo 知恵袋で調べる
　https://chiebukuro.yahoo.co.jp

【リサーチ方法】

　まず「あなたの専門分野×スクール」で検索します。×は、「両方の言葉を含むもの」という意味の指示です。

● Google（グーグル）検索で調べる

　自分がオンラインスクールを構築する分野に関連するキーワードを入力し、出てくる競合スクールをリサーチします。この際、ホームページなどを見てまとめるだけでなく、実際に入校検討者として、スクールが行っているはじめての方向けの体験プロセスを受けたり、zoom の個別相談などを受けたりして、詳細を理解できるまで、徹底的に調べます。

● Instagram（インスタグラム）で調べる

　調べる方向性は一緒ですが、Instagram の場合は、投稿内容もリサーチし、実態をつかむようにします。すべての媒体に共通しますが、広告出稿している他スクールは必ずチェックしましょう。

● Youtube（ユーチューブ）で調べる

　Youtube の場合は、無料で有料のオンラインスクールと

同等の内容を提供されている方もいます。この場合、入校まででのプロセスだけでなく、再生数などを確認することで、どのような内容が人気なのかということもリサーチ可能となります。徹底的にチェックしたい媒体です。

● Udemy™（ユーデミー）で調べる

さまざまなオンラインスクールが販売されているサイトです。IT 関連分野でのスクールを検討されている方はもちろん、オンラインスクールがどのような需要で購入されているかを知りたい方におすすめします。売れているスクールはどんなジャンルで、どんな口コミがあるのかをリサーチするとよいと思います。

● Yahoo 知恵袋で調べる

Yahoo 知恵袋では、既存サービスへの不満を調べる際に参考になります。たとえばあなたがやろうとしているオンラインスクールで、現在は対面授業がメインであった場合、同様の対面授業をしているスクールへの不満が挙げられていることがあります。

そのほか、競合のスクールの評判などを調べることもできます。Q&A が多いトピックは需要があるということがよくわかります。

【リサーチする項目】

●コンセプト

多くのスクールがサイトの冒頭に記載しています。

・第一印象でそのスクールがよさそうだと直感的に感じ
  るか
・どんな人が対象か
・どんな強みがあるか
・受講後にどのようになれるか、一発でわかるかどうか
などをチェックしてみてください。

●サイトの構成

どんな順番で、どんなことが記載されているかをチェック
します。こちらはよいと思ったスクールの構成は、すぐに参
考にできるようにしておきましょう。

●受講者の声

こちらも販売サイトに行くと必ずあります。そこに記載さ
れている受講者の声はお客様のニーズです。どんな点が購入
きっかけになったか、満足している点を必ずチェックしてく
ださい。

●カリキュラム、受講方法

自分が受講するつもりで、そのスクールに入った受講者の声に掲載されている方のように本当になれるかな？　脱落するとしたらどんな点で脱落するかな？　というような感じであえてマイナスポイントを探してください。

●価格

提供されているサービスに対して、妥当な金額かという点もそうですが、どんな支払いルールであるかチェックします。入金方法、入金時期、辞めた際のルールなどです。

●問い合わせから入校まで流れ

この箇所のリサーチはある意味、そのスクールのすべてが凝縮されています。どんなメールが送られてきて、どんな映像が送られてきて、最終的にどのような入校促進をされたかまで詳細に記録を残しておきましょう。

●よいと思う点、勝てると思った点

リサーチが終わって後に、この点を明確に記録されておくと、あとで振り返りがしやすくなります。

競合スクールリサーチシート（次ページ）に沿って、競合を、最低5スクールはリサーチしましょう。

　また可能な限り受講検討者と同じ経路をたどるためにライバルスクールの体験セミナー、zoom個別相談会、説明会があれば参加して、どう感じるかをしっかりとリサーチします。

売れるオンラインスクールのコンセプトのつくり方

〈競合スクールリサーチシート〉

	競合 スクール1	競合 スクール2	競合 スクール3	競合 スクール4	競合 スクール5
スクール 名					
ホーム ページ／ 集客方法					
カリキュ ラム／ 受講法					
受講料					
問い合わ せ〜 入校まで の流れ					
よいと 思った点					
勝てると 思った点					

task

顧客インタビューで ニーズを知る

　市場をリサーチするプロセスと並行して行ったほうがいいのが、顧客インタビューです。

　インタビューする顧客は、以下の2種類があります。

> **1. 実際にあなたの商品やサービスをすでに購入したことのある顧客**
>
> **2. あなたがターゲットとしたい見込み客**

　理想は両方に行います。もしこれからスクールを立ち上げる方は、見込み客へのインタビューを中心にします。

　インタビューでは、**顧客の本音ベースの願望、既存商品への不満**を聞きます。ここで得た言葉を、キャッチコピーに落とし込めるよう、**顧客の心を動かすキーワードのヒントを得ます。**

　このインタビューはとても重要なため、1人の方に対してしっかりと**1時間は時間をとって深くヒヤリングする**ようにしてください。LINEのやり取り、アンケートフォームに

入力してもらうような形にはせず、対面であなたが丁寧に行いましょう。

また、インタビューを行って、**人は欲求を満たすために行動することを理解し、どんな欲求が行動の原動力になっているかを深く理解する**ことです。**どんなによいことを言っても正論では人は決して動きません。**

たとえば、ダイエットでは運動をして、食事制限をすれば痩せることは誰でもわかっています。そこに普段から効果的な運動のやり方、規則正しい食生活を送れるようになることを学び、実践できるようになるジムがあったとします。

このようなジムは、正論ですが、はっきりいって多くの方の関心は得られません。なぜなら、人は本能的に楽をして結果を出したいからです。

もしダイエットで有名なジムが、たった2か月で痩せるけれど、週2日激しい運動をして糖質制限を頑張らなければいけないと、実際の内容をうたっていたら、誰も反応しないでしょう。そこをシンプルに「2か月で−15キロ！」というキャッチコピーとともに、ビフォー・アフターで、スタイル抜群の別人のような素敵な人に変身した姿が出ていたら……。これが欲求を刺激するということになるのです。

ニーズは 17 の欲求からできている

　人には、先天的な欲求と後天的な欲求とがあります。

　先天的な欲求とは、生まれつきもっている欲求です。これらの欲求は人間にとって生命維持に必要不可欠なものです。

　一方、後天的な欲求とは、社会や文化、個人的な経験などによって形成される欲求のことを指します。これらの欲求は、個人の価値観や目標によって異なり、社会的な評価や承認、自己実現などが欲求の源となることが多くなります。

　あなたのスクールの受講見込みの方は、次ページに記載された欲求のどれかを満たすために行動するということを知っておくとよいでしょう。

　この先天的・後天的欲求があることを理解し、改めてリサーチした競合スクールを見てみましょう。売れているスクールは、これらの欲求のどれかに訴えていることがわかります。

　また自分のターゲット市場以外にも、あなたが好きなブランド、商品をなぜよいと思っているのかと考えると、上記の欲求のどれかにあてはまっていることに気づくはずです。

　これらを踏まえ、顧客、見込み客インタビューを最低3名以上の方に実施しましょう。インタビューの際に最低限質問するべきことは84ページのようになります。

[先天的な8つの欲求]

1 生き残り、人生を楽しみ、長生きしたい

2 食べ物、飲み物を味わいたい

3 恐怖、痛み、危険を免れたい

4 性的に交わりたい

5 快適に暮らしたい

6 他人に勝り、世の中に遅れをとりたくない

7 愛する人を気遣い、守りたい

8 社会的に認められたい

[後天的な9つの欲求]

1 情報が欲しい

2 好奇心を満たしたい

3 身体や環境を清潔にしたい

4 能率よくありたい

5 便利であってほしい

6 信頼性、質のよさが欲しい

7 美しさと流行を表現したい

8 節約し、利益を上げたい

9 掘り出し物を見つけたい

【質問項目例】

●すでに受講生がいる場合

①スクールを受ける前は、どんな悩みがありましたか？
〈悩みの深さ〉

②多くのスクールがある中で、なぜこのスクールを選ばれましたか？〈選ばれた理由〉

③受講してみて、どのような変化がありましたか？

④なぜそのような変化があったと思いますか？
具体的に教えてください。

⑤これから、やりたいことや豊富は何ですか？

●これからスクールを立ち上げる場合

①このスクールは、どんな方におすすめできますか？

②今、このようなスクール（商品タイトル）を考えているのですが、どう思われますか？〈商品の構想を話して、どういう反応か？〉

③もしも、このスクールを受講するとしたら、どのような懸念・不安・疑問があるでしょうか？

インタビューは１人１時間かけ、本音を引き出します。キャッチコピーのヒントが出てくるはずです。

〈顧客、見込み客インタビューシート〉

	1	2	3	4	5
お名前					
性別					
年齢					
職業					
①スクールを受ける前は、どんな悩みがありましたか?〈お悩み〉					
②多くのスクールがある中で、なぜこのスクールを選ばれましたか?〈選ばれた理由〉					
③受講してみて、どのような変化がありましたか?〈具体的な変化〉					
④改善してできるようになったことは何ですか?〈具体的に〉					
⑤なぜそのような変化があったと思いますか?					
⑥これから、やりたいことや豊富は何ですか?					
⑦このスクールは、どんな方にオススメできますか?					
⑧今、このようなスクールをどう思われますか?					

Day 41〜45

task

たった1人の理想の お客様像をつくる

　顧客、見込み客へのインタビューができたら、可能なら実在の人物を設定し、できなければ、実在の人物からあなたの理想のお客様（受講者）像を想像します。このお客様像を「ペルソナ」といいます。ペルソナは1人に絞ります。

　ここで大事なのが、あなたが年齢、性別などさまざまなニーズに対応できたとしても、**1人の方のニーズに絞ることです。そうすることであなたのスクールのコンセプトが絞り込まれ、そのコンセプトを実現するカリキュラムのポイントも絞り込まれます。**

　結果、あなたのスクールはどこにでもあるスクールではなく、**特定のニーズを持つ人には強く支持されるコンセプトをつくることが可能**となります。

　理想のお客様を絞ったら、その方の頭の中に入ったつもりで、どんな言葉、どんなデザイン、どんなカリキュラム、どんな価格だと魅力的に感じるか、細部まで想像します。

　ちなみに私が知っている10店舗以上の整体院を経営されているオーナーの方は、この理想のお客様を実際いるお客様

に絞り、その方にお願いして自宅までお伺いし、どんな家に住み、どんな家具の家なのかまで理解しようとしたようです。

　このように1人の方に絞ることにより、あなたの感覚ではなくお客様の視点でスクール細部を決定する材料を得ることができるようになります。

【理想のお客様（ペルソナ）の絞り方】

- ・性別
- ・年齢
- ・居住エリア／住居形態
- ・性格
- ・家族構成
- ・仕事
- ・家族の仕事・年収
- ・現状抱えている悩み、その悩みを解決しようとこれまでとった行動
- ・このままだと、どうなってしまうと思っているか？
- ・なぜ悩みが解決できていないのか？
- ・お客様のスクール購入前後のビフォー・アフターを明確化する

ワーク1　理想のお客様の決定

　このワークは必ず顧客、見込み客インタビューを行ってから、記入するようにしましょう。インタビューする際に、この項目を埋められる内容もインタビューするとよいでしょう。また理想のお客様を設定するとき、インタビューをした方で、もっとも理想に近い実在の方を1人決定してもよいでしょう。

①理想のお客様を設定
＝お客様の現状、悩み、不満、得たい未来の明確化

　あなたがサービスを提供し、最も価値を感じてもらえる顧客、最もあなたが価値を提供したい顧客、あなたのサービスを待ち望んでいる顧客について、徹底的に絞り込みましょう。

1. ペルソナを決める	
性別	
年齢	
性格	
住居エリア／家族構成	
仕事	
家族の仕事	
年収／世帯収入	
顧客は誰	

2. 現状、抱えている不満、その不満を解消しようととるであろう行動を徹底的に洗い出す
顧客の悩みは何？ なぜ、その悩みは解決できていない？

3. 本当の望み、手に入れたい未来を洗い出す

4. 競合となるサービスではなく、自社を選択いただける理由

5. お客様が購入される際に想定される障害

②ペルソナの望みとそれを解決する方法を洗い出す
＝あなたの商品の決定

1. ペルソナの望みは？　このペルソナが、悩みを解決し、手に入れたい未来を手に入れるためには、何が必要だと思っているのか？　を洗い出す。

2. あなたがペルソナに提供できる価値や課題解決を洗い出す

3. 2を提供できたことによる実際の実績、サービスを受けた方の声

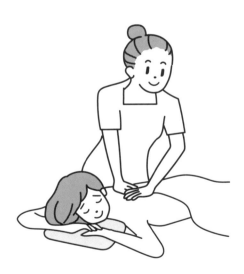

事例 2

たった1年で全国、海外から 受講者100名以上の 人気オンラインスクールへ

MTI（マッサージセラピー・インスティテュート）学長　國分 利江子さん

　國分さんとは、弊社が主催するセラピスト向けのセミナーイベント登壇でご縁をいただきました。弊社のオンラインスクール運営のノウハウが融合した成功例となり、たった1年で受講者は100名以上になり、現在、日本だけでなく海外からの受講者が集まっています。（堺谷）

　セラピストの教育においてオンライン授業を導入することを決めた最大の理由は、生徒が繰り返し映像を見て勉強ができるという利点に気づいたからです。どんなに優秀な生徒でも、1回の講義で理解できる情報には限度がありますが、動画授業を繰り返し見ることによって、前には気づかなかった新たな理解が増えていきます。これは生徒にとっては大きな利益となることでしょう。

　講師側からすると、基礎的な内容については動画授業を撮影して配信することで手間が少なくなります。また、リアルだと通えない方もオンラインで受講することが可能になり、当スクールにも地方からの受講者が急激に増えています。

　最後に、オンライン化を導入するうえで、セラピストや講

師のみなさんが理解されるとよいと思うのは、まずは自分の商品価値を高めることです。セラピスト業界でもオンライン化が急激に進み、多くの競争相手がいる中で、ほかにはない価値ある商品（知識や技術）を持っているからこそ、オンラインの導入によって大きくチャンスが広がることはいうまでもありません。セラピストのみなさんが、ご自身の商品価値を高めながら積極的にオンラインを導入して、新しいチャンスをつかまれることを応援しています。

　堺谷さんは有言実行の方です。一度引き受けたことは結果が出るまでやり通す意志と行動力をお持ちなので、多くのセラピストが安心して頼りにできる存在だと思います。

Day 41~45

task

カスタマーサクセスを決める

　理想のお客様が特定できたら、そのお客様の成功する姿を決めていきます。お客様の成功とは、お客様が実際にあなたのスクールを受講することで、どれほど自分の望みを実現し、成功を収めることるができたかを示します。これが**「カスタマーサクセス」**です。

　このカスタマーサクセスを決めることは、売れるコンセプトをつくる際にも有効ですが、スクールが開講し、実際のサービス提供が始まったあとに、客観的にスクールの提供しているサービスがよいのか悪いのかを判断する際にも有効です。

　具体的には掲げているカスターサクセスをどの程度の受講者が叶えることができ、カスタマーサクセスを実現できなかった方は何が要因で実現できなかったかを明確にすることができるようになります。そういった意味でも、スクール受講後の明確な成功像を明文化するということは非常に重要になります。

　カスタマーサクセスを決める際のポイントとしては、理想

のお客様像として設定した方の入校前の状態から入校後に心情、技術、経済的な状態などがどのように変化したかを、より具体的に記載します。

たとえば弊社で運営するオンラインスクールの一つでオイルマッサージのセラピストに技術を教えるスクールであるMTI（マッサージセラピー・インスティテュート）では、カスタマーサクセスを次のように設定しています。

〈例　MTIのカスタマーサクセス〉

Before	After
・形のある施術しかできない。もみほぐし	・筋骨格の知識や技術に基づいて、SOAPによるディープティシューの施術ができる ・迷わない自信 ・リピーター1.5倍（7割は戻ってくる）

選ばれる理由を文章化する

　カスタマーサクセスを決めることができたら、そのカスタマーサクセスを叶える「あなたのスクールの強み」を言語化します。ここまでで、競合スクール、顧客をしっかりとリサーチできていないと、ほかと変わらないありきたりな言葉になり、お客様の心に刺さりません。

　選ばれる理由は、あとでスクールのサイト、チラシなどあらゆる媒体で使用することになります。まず自分がよいと思う案を3つから5つ文章化し、インタビューした顧客の方や知り合いの方に見せましょう。そして感想をいただいたら、そのフィードバックを生かしてブラッシュアップします。

　このようなプロセスを何度か繰り返して完成させます。これはこのあとのキャッチコピーを完成させる際も同様です。

　選ばれる理由作成のポイントは、次ページのような視点で、競合との違い、お客様にとっての利便性を踏まえるとよいでしょう。

【作成のポイント】

●商品、サービスの最大の差別化ポイント、顧客が受講後になれる状態を記載

例）（解剖学が学べることが強みなら）解剖学に基づいた信頼されるセラピストになれます！

●顧客がスクール入校際に障害となるデメリットを打ち消すメリットを訴求

例）オンラインでどこまでも学べるのはメリットだが、習得できるかしらという不安を解消

オンライン＋リアルのハイブリット型でしっかりと習得可能な学習システム！

●入校のメリットを知識、技術習得のみならず社会性、権威性を満たす要素も伝える

例）大学レベルの世界水準の「マッサージセラピー」の技術を唯一学べる（権威性）

全国各地の本気の仲間と出会える（社会性）

task

キャッチコピーをつくる

　コンセプト作成の最後のプロセスにして最大の難関が、キャッチコピーを文章化することです。今まで6つのプロセスをしっかりと行ったうえで、あなたのスクールの見込み客があなたのスクールのサイトに訪れ、はじめて見たときに「ここは私のためのスクールだ！」と確信を持ってもらう短い文章をつくります。

　これまでオンライン広告を数億以上運用してわかったことは、**広告映像の平均視聴時間は3秒〜5秒程度**ということでした。つまり人は、一瞬で自分にとって関係のある情報かどうかを判断するということです。

　よって前提条件として、**「3つのNOの心理」**を意識し、それでもこのスクールの情報をちゃんと見るべき、と思ってもらえるキャッチコピーをつくります。

　NOの心理も踏まえ、理想のお客様の悩み、不満を踏まえ、その悩みがあなたのスクールで解消できることを文章化します。その際、前にお伝えした正論ではなく、本音ベースの欲求に刺さるように意識します。

　実は、ここは苦戦される方が多いプロセスです。どうしても自分の思い込み、感覚で言葉をつくってしまいがちですが、しっくりこないという感覚になります。

　言葉が出てこない場合は、顧客インタビューを再度見返してみましょう。また、短いフレーズでよい文章は本のタイトルなどに多く見られます。書店などに行って、よいと思うタイトルを100個ピックアップし、そのタイトルのよいと思った箇所を、キャッチコピーの文章の参考にしましょう。

key point

3つのNOの心理

①人は読まない

　自分には関係ない情報と思うと頭に入らないため、瞬時に私のための情報とわかるようにする必要がある。

②人は行動しない

　よいと思っても、すぐに動くべき理由がないと後回しにしてしまう。

③人は信じない

　そうはいっても本当ですか？　という心理になる。

【キャッチコピーの決定】

キャッチコピーを決定したら、最終的にはインターネットでスクールの受講者募集をするＬＰ（ランディングページ。148ページ）、チラシなどに落とし込みをするのですが、ここまでお伝えしたプロセスは一度やって終わりではなく、何度も何度も繰り返していくことで磨きあげられます。

最終決定するまでのプロセスとしては、以下のようなプロセスを経て決定されるとよいと思います。

〈MTIのキャッチコピー作成までの流れ〉

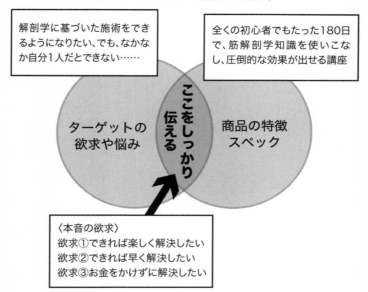

解剖学に基づいた施術をできるようになりたい、でも、なかなか自分1人だとできない……

全くの初心者でもたった180日で、筋解剖学知識を使いこなし、圧倒的な効果が出せる講座

ターゲットの
欲求や悩み

ここをしっかり
伝える

商品の特徴
スペック

〈本音の欲求〉
欲求①できれば楽しく解決したい
欲求②できれば早く解決したい
欲求③お金をかけずに解決したい

【キャッチコピー決定までのプロセス】

① 105 ページのコンセプトメイキングワークに記入し、
　最適だと思うコピーを 3 案ぐらいに絞り込む。

②顧客インタビューで協力いただいた方に、印象を聞いた
　り、どんなコピーだとよいと思うか聞いてみたりする。

③②のプロセスを経て、キャッチコピーをブラッシュアッ
　プし、2 案に絞り込む。

④スクールの受講者募集をするＬＰまたはチラシへそのキ
　ャッチコピーを記載し、顧客の視点で再度チェックする。

⑤完成したＬＰをオンライン広告で運用してみる（損害を
　抑えるため少額のものでよい）。

　反応率の合格ラインを設定しておき、合格ラインに達し
たものに決定します。反応率の合格ラインは、広告費用あ
たりの問い合わせ件数で判断します。たとえば、1 日 1 万円
で Google 広告などを運用した場合、その 1 日で問い合わせ
件数が 4 件来たら、1 件当たりにかかった費用は、2500 円と

なります。仮に合格ラインを1件あたり3000円としていた場合、それよりも割安で広告できたので合格となります。あとの章で詳細をお伝えしますが、弊社では1件の問い合せが2000円未満を合格ラインとしています。

※この段階で、まだスクールの価格、映像教材などの詳細が決定していない状態でも、テストで広告運用をしてみます。

【コンセプトメイキングの結果できたキャッチコピーを記載】

左は、ここまでのプロセスを経て、実際に弊社のスクールに使用しているキャッチコピーです。

＊106～112ページで、コンセプトメイキングでつくったキャッチコピーを、具体的にご紹介しました。ワーク1、2を行うにあたり、参考になさってください。

ワーク2　選ばれる理由、キャッチコピー

　では一連のワークを実施していただきます。実際に書き込んでみましょう。このコピーはあとで、スクールのInstagram、ホームページ、チラシなどで最も見られる箇所ですので、考えうる案をすべて出し、理想のお客様に再度ヒヤリングしたうえで最終決定することをおすすめします。

選ばれる理由

コンセプトのキャッチコピーを決める＝お客様の問題解決を 一発でわかる言葉にする
1.これまでのワークを通じて、コンセプトのサブキャッチコピーを決める 2.メインキャッチコピーに落とし込む。

カスタマーサクセスを提示するキャッチコピー

【実例】 キャッチコピーができるまで

　はじめてオンラインスクールを立ち上げるにあたり、ここまでのプロセスをスムーズに追っていくことはかなりたいへんだと思います。したがって、ここでは、実際にこれらのワークをしてキャッチコピーをつくった、ＭＴＩの記入例をご紹介します。どんなふうに書けばよいかわからないところは、ここを参考になさってください。

ワーク1　理想のお客様の決定

　①ペルソナを設定する＝お客様の現状、悩み、不満、得たい未来の明確化

　あなたがサービスを提供し、最も価値を感じてもらえる顧客、最もあなたが価値を提供したい顧客、あなたのサービスを待ち望んでいる顧客について、徹底的に絞り込みましょう。

1. ペルソナを決める	
性別	女性
年齢	41歳
性格	貢献欲求が強く、お客様のためにもっといい対応をしたいと思っていて勉強熱心
住居エリア／家族構成	東京都足立区、4LDKマンション（持ち家） 4人家族（旦那さん＋子ども2人男の子、小学校5年生、3年生）

仕事	【前職】20代の頃はエステサロンやリラクゼーションサロンを経験、結婚・出産を機に現場から離れていたが、子どもが少し手が離れるようになり、仕事を始めている。 【現在】アルバイトでリラクゼーションサロン勤務（週3〜5日）ボディケア・フェイシャル・リフレ・オイルトリートメント
家族の仕事	夫サラリーマン
年収／世帯収入	本人 180万円（月15万ぐらい）　夫 550万円 世帯年収680万円
顧客は誰	サロンに復職したセラピスト。お客様の対応をするうちにもっとお客様のお身体の悩みに対して、身体の知識を深く知ったうえで的確に対応できるようになりたい方。

　現状、抱えている不満、思い、このままいったら最悪どうなると思っているか、その不満を解消しようととるであろう行動を徹底的に洗い出します。

---

2. 現状、抱えている不満、その不満を解消しようととるであろう行動を徹底的に洗い出す
顧客の悩みは何？　なぜ、その悩みは解決できていない？

【現状＝勉強不足でお客様に申し訳ないと思っている。】
サロンで指名はそこそこ取れており、施術の流れはできて充実感を感じている。ただし、施術はできるようになっているが、お客様からふと聞かれる「肩が痛いんだよね、これなんでだろう？」とか「本当に楽になってよかったー」と言われるが、なぜそのように言われるかわからないでいる。正直なところ、身体についての勉強が必要と頭ではわかっていたが後回しにしている自分がおり、お客様に対して罪悪感がある。

【このままいったらどうなると思っているか？】
お客様に申し訳ない、また、なんか自信がないので、ずっと雇われセラピスト。

【その不満を解消するためにとった行動】
解剖書を書店に行って買ってみるも、全くわからず1週間で挫折。YouTubeで動画を見たりするが、実技のほうが気になり、解剖学が頭に入らない、セミナーなどにも行ってみるが、ワンポイントでよくわからない。同僚、オーナーにも自分の疑問をぶつけるが、答えてもらえない。ネット検索などもしてみるが、どこのセミナーがいいのかわからない。

【顧客の悩みは何？　なぜその悩みは解決できていない？】
解剖学知識がないまま施術している。YouTube、本、簡単なセミナーでは深く理解し、実践できないから。

3. 本当の望み、手に入れたい未来を洗い出す

お客様へ対応した際に、お客様の不調の原因が手に取るようにわかり、その原因に対してアプローチするさまざまな技術があり、どんなお客様が来ても対応できるという自信に満ちあふれた状態。
お客様から「もうあなた以外に頼みたくない、私がおばあちゃんになってもずっとやっていてね」と強く必要とされる状態。
お店ではなく、私あてに来るお客様が20名以上いて、ホームサロン開業をし、1日2〜3人ぐらいのクライアントを週3日程度自分のペースで働きながら月50万〜100万程度稼げる状態。
自分自身も充実して、家族とのバランスもよく、幸せな状態。

【カスタマーサクセスは何？】
筋骨格の知識や技術に基づいて、SOAPによるディープティシューの施術を迷わない自信を持って対応し、「もうあなた以外頼みたくないです」と感動を与えることができる。自宅サロン開業も成功し、月40万以上の報酬を得ながら自分らしいライフスタイルを実現している。

4. 競合となるサービスではなく、自社を選択いただける理由

直接競合：マッサージセラピー
A社
サイトアドレス
強み →東京で海外のマッサージセラピー資格取得可能。解剖学に基づいたマッサージセラピー
弱み →通学が中心で利便性が悪い、講師陣の実績を感じない。

選択いただける理由＝
解剖学に基づいたマッサージセラピーの技術をオンラインで学べ、業界TOP講師である國分先生、医療関連講師陣のもとで学べる

Bスクール
サイトアドレス
強み →海外認定マッサージセラピストに基づいたカリキュラム、エステ系の学びもある　費用も安い
弱み →通学が中心で利便性が悪い、講師がセラピストのみである点

選択いただける理由＝
解剖学に基づいたマッサージセラピーの技術をオンラインで学べ、業界TOP講師である國分先生、医療関連講師陣のもとで学べる

間接競合　解剖学×施術
C協会
サイトアドレス
強み →専門家が解剖学に基づいた対応を教えてくれる。オンライン受講も可能。
弱み →リアル受講機会が少ない。理学療法士向きなイメージ　オイルではない
選択いただける理由＝
オイルマッサージの施術が学べること。確かな技術が学べること

<table>
<tr><th colspan="1" style="text-align:center">5. お客様が購入される際に想定される障害</th></tr>
</table>

5. お客様が購入される際に想定される障害
・私でもちゃんと習得できるか? ・通えるスケジュールか? ・費用は払えるか?

1. 〜 5. のワークを通じて、ペルソナの望みと、その望みをどのように解決するかを決める。

・オンラインでもしっかりと習得可能な学習プログラム
・米国マッサージセラピーの技術をベースとした大学レベルの知識、技術
・日本最高レベルの講師陣から学べる
・自分の実現にコミットした意識の高い受講者とともに学べる

②ペルソナの望みとそれを解決する方法、その方法を購入する際にネックを洗い出す＝あなたの商品の決定

1. このペルソナが、悩みを解決し、手に入れたい未来を手に入れるためには、何が必要だと思っているのか？を洗い出す。

・解剖学をしっかりと理解して施術に落とし込みをできるようになる方法
・自分でも仕事をしながら、挫折することなく、学びを継続できて、習得できる環境
・ここで頑張ったから大丈夫という確信

2. あなたがペルソナに提供できる価値や課題解決を洗い出す

・解剖学知識を的確な施術へ落とし込みができる方法
・忙しい方でもしっかりとした技術をオンラインとリアルで学べる方法
・海外のマッサージセラピーの大学レベルの確かな学習

3. 2を提供できたことによる実際の実績、サービスを受けた方の声

受講者の声
http://massagetherapy.jp/lp/index.html

ワーク2 選ばれる理由、キャッチコピー

　コンセプトのキャッチコピーを決める＝お客様の問題解決を一発でわかる言葉にする。

コンセプトのキャッチコピーを決める＝お客様の問題解決を一発でわかる言葉にする
1.これまでのワークを通じて、コンセプトのサブキャッチコピーを決める **全くの初心者が圧倒的な効果が出せる** 2.メインキャッチコピーに落とし込む。 **筋解剖学に基づいた** **オーダーメイドマッサージセラピー**

カスタマーサクセスを提示するキャッチコピー
全くの初心者が圧倒的な効果が出せる筋解剖学に基づいたオーダーメイドマッサージセラピー

check point

【Day11~60】チェックポイント

　売れるオンラインスクールを構築できるかどうかは、この箇所であなたが確信を持てるレベルまでできているかにかかっています。ここで決めたキャッチコピー、選ばれる理由を、早く公開したいとワクワクした気持ちになれていますか？

□ 3社以上のライバルスクールの体験セミナー、個別相談会に参加して自分のスクールとの差別化ポイントが明確化している。

□ 3名以上の顧客、見込み客の方と1時間以上しっかりとインタビューができている。

□理想のお客様を決定できており、そのお客様の視点で悩んでいること、スクールに入る障がいとなっていること、スクール入校後のカスタマーサクセス等が明確になっている。

□理想のお客様に刺さる選ばれる理由、キャッチコピーを明文化し、お客様からもいい反応をもらい、確信を得ている。

□この章のワークの入力が自分が納得するレベルで完了できている。

商品設計（カリキュラム、価格）

このステップでは、スクールの内容であるカリキュラム、価格設定のポイントなどをお伝えします。

Day 61~70

task

受講生の「目標達成」から逆算したカリキュラムを設計

　キャッチコピーの作成と同時並行で行いたのがスクールのカリキュラム作成になります。カリキュラム作成は、コンセプトをつくるときに作成した、受講生の入校前と受講後の状態を踏まえ、それを実現するためにはどのような要素が必要になるかを考えます。

　受講生が、技術、知識、感情、経済的な状態を入学前と比べてよい状態するにはどうしたらよいかという対策も具体的にしていくことができます。

　イメージとしては、大枠から決めていき、そこから細かく分割して考えます。最終的に受講スケジュール表としてお渡しできるレベルまで詳細に落とし込みをします。

　教える側としては、知識や技術をたくさん伝えたくなりますが、それよりも重要なのが、**合格基準を明確にしていくことで受講者がどのレベルまで実践できるようにすればいいかが明確となる**のです。ここまで決め込んだら、あとはやるだけという状態となります。

【カリキュラム作成の手順】

①スクール入校前、受講後の受講生の目標を決める

②目標を達成するうえで必要な知識、技術を書き出す

③提供方法、時間を決める

④各科目の合格ラインを設定し、課題などを設定する

⑤受講スケジュールに落とし込み、受講生に見せられる状態に整える

次ページで、弊社が運営しているヨガインストラクター養成スクールを例にとって、各手順について説明します。

①スクールの入校前、受講後の受講生の目標を決める

　この箇所は、受講者の気持ちになって、入校前、受講後を設定していきます。

入校前	入校後
ヨガの資格は持っているが、身体の知識がないと感じており、正直自信がない。	通常のヨガレッスンに加えてパーソナルレッスンができる。解剖学に関する知識がついたことでレッスン中のお客様の疑問に対し、効果的なアドバイスができる。

②目標を達成するうえで必要な知識、技術を書き出す

　目標を明確にできたら、どんな知識と技術が必要かについて、大枠を書き出します。受講後の目標を叶えるうえで自分が必要だと思うことを全部書き出します。

[知識]
〈基礎解剖学〉〈関節運動の基本的知識〉〜関節の種類、特徴、靭帯、筋、腱、筋膜などの区別。

〈よくある整形疾患の禁忌・注意〉～変形性関節症・椎間板ヘルニア・脊柱管狭窄症・五十肩・胸郭出口症候群・すべり症など、妊産婦における運動時の注意点。

[技術]

姿勢評価・動きの癖の見分け方を身につける。

（脊柱の左右差・中臀筋など）・効果を発揮する口頭指示の方法（心理的作用を用いたコツ）・慢性腰痛・慢性肩こり・慢性膝痛がある方へのパーソナルヨガ指導法を習得する。

③提供方法、時間を決める

オンラインスクールの場合、やり方を知ってもらうというのが主な目的となる箇所は、事前に授業映像の録画を見ていただきます。講師は受講生に課題を出し、各受講生の理解度を把握します。それを、zoom などリアルタイムの講義でフィードバックします。これらの部分をしっかり行ってもらうことで、オンラインスクールでも、対面を極力減らした講義が可能となります。教室での対面講義でも実技の習熟度合いをフィードバックすると、オンラインと対面（リアル）の両面から、より習熟度にフォーカスした授業の提供が可能となります。

時間配分の目安としては、次のようになります。

【録画講義】

・録画講義→１本あたり長くても 90 分まで

・課題分量→一つの単元に一つ

・zoom 講義→長くても３時間まで

・リアル講義→練習時間をとるならば、長ければ長いほど
　満足度は高くなる。１日最低３時間、長ければ８時間
　ぐらいの授業時間を設ける。

【対面】

・評価方法２時間

・運動解剖学（応じたアーサナ）２時間×４
　（①脊柱　②胸郭〜肩甲骨〜上肢　③体幹〜骨盤〜股関
　節　④膝〜下腿〜足部）

・正しいアライメントに導くアジャストメント４時間

・模擬クラスを実施する機会（グループ・パーソナル）質
　疑応答などで＋２時間　計 16 時間

・以上を受講したのち、オンラインでの宿題＆チェック・
　試験（筆記・実技）

④各科目の合格ラインを設定し、課題などを設定する

オンライン学習の場合、受講者にとって最も重要になるのが学んだ知識を自己チェックできる課題設定です。提供側は、各科目ごとの合格ラインを設定し、そこに到達できるようになる課題を設定します。

⑤受講スケジュールに落とし込み、受講生に見せられる状態に整える

最終的に講義スケジュールも仮で設定し、受講検討者に見せられるような状態につくります（122ページ）。

スケジュールに落とし込むのは、以下の内容です。

　・日時
　・提供方法
　・科目とそれぞれの課題
　・受講後のレベルアップの内容（どのようにレベルアップできるか）

授業を受けたままの状態で終わらないよう、各科目にチェックポイントとして課題の内容を記載しておきます。

〈例　筋解剖学の場合〉

講座	2時間／回	日時	時間	参加方法	講師
ベーシック	1	10/30（日）	18時〜21時	zoom	木村
	2				
	3	11/13（日）	18時〜21時	zoom	祐成
	4				
	5	11/27（日）	18時〜21時	zoom＆リアル	祐成
	6				
	7	12/4（日）	18時〜21時		木村
	8				
	9	12/18（日）	18時〜21時		木村
	10				
	11	1/8（日）	18時〜21時		祐成
	12				
	13	1/22（日）	9時〜18時	リアル	木村

商品設計(カリキュラム、価格)

科目	課題
概論、運動解剖学① (身体の基礎知識、骨・筋・関節の 種類・靭帯など構成要素)	学んだ筋にアプローチして、 ビフォー・アフターを記録する
運動解剖学② (下腿三頭筋、前脛骨筋、 ハムストリングス、大腿四頭筋)	
運動解剖学③ (骨・関節の機能・構造・姿勢)	姿勢の評価(分類分け)をして、よい姿勢に するにはどうすればいいのかを考える
運動解剖学④ (脊柱・体幹の筋群・呼吸)	クラスで呼吸の指導を実践し、 感想をレポ
基礎疾患学&禁忌 (肩こり・腰痛・膝痛の主な疾患 及び禁忌)	痛みの問診をする。禁忌・注意点を守り指導 する
身体評価方法 (呼吸・姿勢・動作評価)	呼吸の評価・アサナの動作分析・呼吸の ビフォー・アフター
運動解剖学⑤ (脊柱起立筋、腹直筋、大胸筋、 僧帽筋)	学んだ筋にアプローチして、 ビフォー・アフターを記録する
実技①(太陽礼拝1)	解剖学に基づいたアサナの取り方を知った 上でレッスンを行うことでどんな指導上の 変化や生徒さんからの感想があったのかレ ポートする。
実技②(太陽礼拝2、立位1)	
実技③(立位2)	
実技④(ピラティス概論~実技)	ピラティスを練習し、ピラティス指導を取り 入れる
実技⑤(クラス構成・指導のコツ)	順序を考え、指導の声かけを使って 指導する
事前講習&試験 (これまでの授業の総復習と試験)	案)筆記:50問の選択問題 実技:お題に 対して15分ほどのパーソナルセッションを 行う(例:猫背・腰痛)

価格設計
（カリキュラム設計と並行して行う）

　スクールの価格設計は、**1. 受講生の目標を設定し、2. それを実現するカリキュラムをつくります。** すると、想定されるスクールの講義のボリューム（授業時間、映像教材の時間数、紙のテキストのページ数）が出てくるので、その時点で価格を検討します。

　一番やってはいけないのが、**競合するスクールがこれくらいの金額だから、同じくらいの価格で……と、先に価格を決めてしまうこと**です。この決め方をすると、スクールの内容がどうしても価格に引っ張られてしまいます。このくらいの価格ならこれくらいのボリュームの内容だろうと、調整する意識が働いてしまうのです。

　それよりも**受講生の目標達成を第一に考えます。** 受講者が得られる価値を感情面、知識・技術面、経済面の３つから考えます。そのうえで、その価値を競合スクールと比較し、すでに設定した理想のお客様の支払い能力を踏まえ、金額を設定していきます。

　もし、設定した理想のお客様の収入が月10万程度の収入しかなかったとしても、月100万円以上の収入が得られる可能性もある高い価値を提供できるなら、それに見合った高単価の設定で問題ありません。なぜなら、お客様は現状に対して満足していないからこそ、あなたのスクールに関心を持っているからです。

　現在あまりお金がない方でも、本気で現状を変えたいと思っている方は、そのための投資と考え、お金を何とかする方法を見出します。ここで、お客様は以下のようなことを考えます。

「この受講料を支払って私は受講後にどうなれるだろうか？　また受講料以上の価値を得られるだろうか？」

　この考えに対してあなたは、お客様が安いと感じるほどの内容ある商品にしておくことが大事です。ただし、個人の方向けのスクールの場合、想定しているスクール、講座に対する価格のイメージがあります。想定を大幅に超える価格では、購入してもらえません。それも踏まえて設定しましょう。

　私のこれまでの経験をもとにしたセミナー、講座、スクール、学校の受講料の一般的な方が持つ金額イメージは次ページのようになります。

【受講料価格のイメージ】

・**30万円未満**：3か月未満で修了する講座で多い価格帯。新しい知識、技術が身につく。

・**30万円〜60万円未満**：3か月〜1年間で修了する講座、スクールで多い価格帯。新しい知識、技術が身につくだけでなく、キャリアアップ、収入アップにつながる。

・**60万円〜120万円未満**：半年〜1年間の高付加価値スクールの価格帯。ここにしかない知識、技術が身につき、それが劇的にキャリアップ、収入アップにつながる。

・**120万円〜300万円未満**：1年〜2年間のスクール、専門学校の価格帯。職業に直結する資格が取れる。または、それに相当するような10年単位で役立つ知識、技術、資格が取得できるもの。

・**300万円〜500万円**：3年〜4年間大学の価格帯。知識、技術だけでなく公的な学歴、資格が求められる。

　こうやって並べてみると、大学、専門学校の受講料総額は

高くなりますが、1年あたりで見ると100万円前後となり、高付加価値のスクールとほぼ変わらない金額になります。

　年間100万円前後の受講料は決して安くはありませんが、一般の方でも価値を感じれば、十分支払い可能であるということです。このことを知ったうえで、価格設定をすることは大事です。

　価格設定を考えるうえで特に重要なのが、分割払いの提案です。車の購入をイメージしてください。仮にあなたの欲しい車が200万円だった場合、200万円全額を一括で支払ってくださいと言われるのと、月々48,000円の5年ローンですと言われるのとでは、かなり印象が違うでしょう。

　スクールの募集で、受講料の表記は、一括の金額とともに、分割払い、前期・後期払いなどのさまざまな支払い方法を提示します。受講者はストレスなく、決断しやすくなります。

　支払い方法だけでなく、受講者がスクール卒業後に求めるゴールに合わせてレベルを3段階くらいに分け、個別セッション、対面でのスクーリングなど、厚いサポートのあるクラスと、そうでないクラスで価格帯を分けます。

　最終的に「松竹梅」のように、3つに分かれる価格設定になるとよいと思います。

【Day61~70】チェックポイント

　いよいよカリキュラムが決まり、価格も決まってきました。改めて見返してみて、魅力的なカリキュラムになっていますか？　受講後にお客様の喜ぶ姿が想像できるか自己チェックしていきましょう！

□カリキュラム作成ワークが完了し、お客様に見せられる状態になっている。

□設定したカスタマーサクセスを受講後に実現しているお客様がはっきりとイメージできるカリキュラムになっている。

□受講後に実現している目標で、受講生が得られる価値を踏まえても妥当な価格設定になっている。

集客と入校の
しくみづくり

STEP4では、スクールの受講生募集の準備を完了させるために、必要なことをお伝えします。

スクールの集客から
入校の全体像を知る

　スクールのコンセプト、カリキュラム、提供方法、価格が明確になってきたら、同時並行で受講生募集の準備をしていきます。

　スクールの集客から入校までのプロセスは、大枠で以下のようなプロセスに分かれます。これはスクールの受講者募集に限らず、あらゆるビジネスの集客から購入までのプロセスも同じような考え方となります。簡単にいうと、

ステップ１　知ってもらう

ステップ２　自分にとって必要だと思ってもらう

ステップ３　購入を本気で検討してもらう

ステップ４　購入してもらう

この原理原則に沿って、入校促進を行います。

ここではさまざまな準備を並行して行っていきます。

スクール集客～スクール入学までの流れ

〈お客さま〉

| よいところは
ないかな？ | … あなたを知らない |

| 何か気になる | … あなたを知っている |

| 一度行ってみよう | … あなたのスクールが
気になっている |

| 想像よりよかった | … 受講を検討している |

| 頑張ろう！ | … 受講を決断 |

| 入校時の目標を
達成できた！ | … 想像を超えた体験で
ファンになる |

スクールの集客から入校開始までの準備①

　スクールの集客プロセスで、もっとも労力、コストがかかるところになります。ただし、スクールをより多くの方に受講いただきたいと思ったら、あなたのことを知らない方にも入校いただけるように、認知を広げることは非常に重要です。

　大事なことは、いかに、より多くの方に個別相談会に参加いただくかということです。そのためにできることはいろいろありますが、実践してみておすすめしたいのが、以下の順で募集を開始することです。以下の４項目について一つ一つ解説していきます。

1）本編の内容を体験できる無料動画（１本３０分以内）を用意する。

2）スクールの公式LINEを作成し、ステップ配信機能を使い、無料動画を視聴できるようにする。

3）Time Rexでzoom個別相談会予約ページをつくる。

4）スクール公式インスタグラムやスクール公式ＬＰ（ランディングページ）で、スクールの入口をつくる。

1）本編の内容を体験できる
無料動画（1本30分以内）を用意する

あなたのスクールへの関心を深められる、無料紹介動画を用意しましょう。動画のシナリオとしては、以下のような構成にしていき、有料セミナーを受けているような感覚になる動画を作成します。

【無料動画のスライドをつくる】

以下の内容を入れた、無料動画のスライドをつくっておきます。以下の内容を盛り込んだスライドをつくりますが、どのようなねらいがあり、どういうところに注意したらよいか、チェックポイントを次ページにご紹介します。

　①お客様の悩みを提示

　②受講後のカスタマーサクセスを提示

　③実際の受講者の成功の声（はじめてスクールを立ち上げる場合は不要）

　④WHY（なぜ、提示をした方があなたのプログラムを学ぶべきなのか？　理由を伝える）

　⑤HOW（どうすれば悩みが解決するか、順を追って説明

する）

⑥スクールが選ばれる理由（特徴ではなく選ばれる理由と
して伝える）

⑦次のステップとして zoom での個別相談会の参加特典の
提示をします。

【チェックポイント】

　動画を撮影する際、本番で詰まると余計思い出せなくなっ
てしまうので、話す内容は詳細につくらないようにします。
スライドの項目だけ決め、自然と話すようにしましょう。笑
顔でゆっくりと感情を込めて話すように努めます。撮影の間
は集中できる環境で行いましょう。

　スライドはパワーポイント（＊1）やキーノート（＊2）
などを用いるとよいでしょう

　①〜⑦の目的について説明します。

（*1）パワーポイント（PowerPoint）とは、オフィスソフトに含まれるプレゼンテー
ション用のソフトです。「パワーポイントの使い方」と検索すると、さまざまな使い
方が紹介されています。

①、②、③の目的

あなたの話を聞きたい、聞くべきとなることです。悩みの呼びかけをしながら、その悩みが続くと視聴者が感情的にも物理的にも困ることを、できるだけ具体的に話します。

また②、③を過去の受講生の成功例、もしなければ、あなたの成功体験を詳細にお伝えし、この状態になりたいと思っていただきます。

〈①の例〉

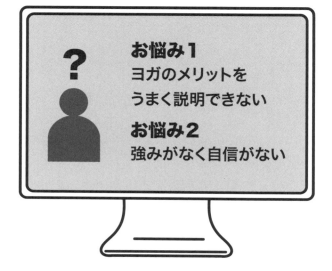

(*2) キーノート (Keynote) とは Appleによるプレゼンテーション用ソフトです。こちらも「Keynote 使い方」などと検索すると、さまざまな使い方解説サイトが紹介されます。

④、⑤の目的

　視聴者の悩みの原因を理解してもらうこと、そして解決の道筋を明確にしていただきます。

　④は、悩みの原因が視聴者自身ではなく、一般論として原因をお伝えすることで視聴者を否定しないことを心がけます。

　⑤は、あなたもしくはあなたの受講生の成功体験のプロセスをシンプルに語り、誰でもステップどおりに学べば、悩みが解決することを伝えます。

〈⑤の例〉

> **どうすればまったくの初心者が解剖学に基づいたパーソナルヨガでお客様からゆるぎない信頼を得られるようになるのか？**

⑥、⑦の目的

　あなたのスクールが視聴者の悩みを解決するうえで最適であると確信していただき、その後どう行動すればいいかを伝えます。

　⑥については、自信をもって話すことが大事です。

　⑦は感情を込めて、視聴者が迷わないように、どのように行動すればいいかを明確に伝えます。

〈⑦の例〉 詳細な文章は記載せず、ポイントのみにする。

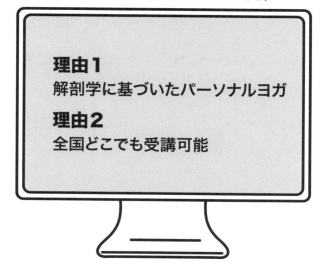

理由1
解剖学に基づいたパーソナルヨガ

理由2
全国どこでも受講可能

【撮影する】

　最も簡単な方法をご説明します。まず、スライドで使用する資料となる画像を作成します。ウェブ会議でよく使われているzoom(ズーム)にアクセスしてアカウントを登録します。

・zoom サイト　https://zoom.us/

　マイアカウントをクリックし、以下の手順で撮影します。

　(1) マイアカウントをクリックすると、あなたの個人ページが出ます。ページの左側にある zoom のミーティングをクリックします。

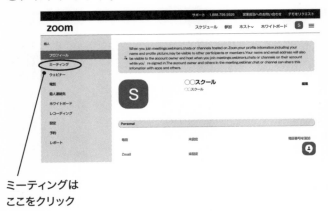

ミーティングは
ここをクリック

（2）ミーティングをスケジュールします。適当な時間を
入れます。

（3）ミーティングが立ち上がったら、画面下にあるレコ
ーディング機能をクリックし、さらに画面の共有をクリック
して画像を出します。あなたが話している様子を撮影します。

画像の共有は　　　　　　　　　　　レコーディングは
ここをクリック　　　　　　　　　　ここをクリック

スライドごとに伝えるべき項目を共有画面に出します。原稿が必要な方は、メモをつくっておいて読み上げるようにしましょう。

　この方法は、カメラマンも編集もいらないので、どんな方にもできる方法です。ただし、施術などの実技デモンストレーションを入れたい場合は、その箇所だけ別で撮影します。

【YouTube、Vimeo などに映像をアップロードする】

　無料動画配信サービスサイトに会員登録し、映像をアップロードします。

・You Tube サイト　https://www.youtube.com/
・Vimeo サイト　https://vimeo.com/jp/

　画面に見せたい部分が入っているかどうか、確認します。定点で撮影しましょう。

【YouTube、Vimeo などに画像をアップロードする】

　前もって、YouTube、Vimeo にアカウントをつくってお きます。それぞれのサイトにある、動画のアップロードの手 順にしたがって、画像をアップロードします。

task

スクールの集客から
入校開始までの準備②

2）スクールの公式 LINE を作成し、ステップ配信機能を使い、無料動画を視聴できるようにする

　無料動画が完成したら、受講検討者の方に興味を持っていただき、スクール公式 LINE の登録を促し、そこで無料動画を視聴いただけるようにしましょう。公式 LINE は無料ですぐつくれますので、受講検討者向け、入校者向けで2つつくるのもよいと思います。

　公式 LINE が作成できたら**ステップ配信機能（*1）**を使い、スクール公式 LINE にご登録後に動画視聴ページが閲覧できるように設定します。同時に、zoom 個別相談会の予約の案内を送るように設定します。

　LINE の場合、メッセージの文章は短めに設定しておくと見やすくなります。どんな文章を送ればいいか、イメージがつかない場合は、弊社のスクールの公式 LINE にご登録いただき、文言など真似をしてみてください。

（*1）ステップ配信機能　登録いただいた受講希望者にメッセージを自動配信する機能。内容、タイミング等をあらかじめ設定できる。

公式 LINE が作成できたらステップ配信機能を使いましょう。

①スクール公式 LINE を登録したあとに、動画視聴ページが閲覧できるように設定します。

②ステップ配信機能を使って、zoom 個別相談会の予約のご案内が送られるように、設定しておきます。

task

スクールの集客から
入校開始までの準備③

３）Time Rex で zoom 個別相談会
予約ページをつくる

　２）と同時にやっておきたいのが、個別相談予約ページの作成です。こちらは弊社でも使用している TimeRex という予約ページをおすすめします。使い方も簡単で、すぐに設定可能で、無料アカウントから始めることが可能です。TimeRex で予約の申し込みを受け付け、実際の相談会はzoom で行います。

・TimeRex サイト　https://timerex.net/

【個別相談会に促す文章例】

　詳細な文章は次のように各サイトに基本の文章がありますので、ご自身の状況に合わせて修正ください。

　件名：〈スクール名を入れる〉無料オンライン個別相談会にお申込ありがとうございます。

（名字 名前）様

お世話になっております。

〈スクール名〉です。

無料オンライン個別相談会にお申し込みをありがとうございます。

こちらはzoomというテレビ会議ツールを用いて実施させていただきます。

授業の映像や実際のテキストなどもお見せできますので、パソコンまたはタブレットをご準備のうえ、大画面にてぜひご参加いただけたらと思います。

以下、お申し込みの詳細の確認をお願いいたします。

紛失されないようにメールのブックマークをおすすめしております。

◆実施日時

2023年〇月〇日（〇）

〇時〇分

◆接続URL（当日はこちらをタップ）

〈zoomの招待アドレス〉

◆ミーティングID

〈zoomのミーティングIDを入れる〉

◆アプリなしでWeb版参加は以下参照

〈web版のリンク先〉

スクールの集客から 入校開始までの準備④

４）スクール公式インスタグラムや スクール公式ＬＰ（ランディングページ）で、 スクールの入口をつくる

　次に、スクールの問い合せの入口をつくります。通常、**スクール公式LP（ランディングページ）**をつくりますが、こういったサイトをつくったことがないという方は、まずはスクール公式 Instagram を開設しましょう。

　Instagram、LP ともそこに記載する内容は、これまでのワーク、無料動画で作成した内容を記載するだけです。

　Instagramでは、トップページに必ず以下の内容を入れるようにします。

　ハイライト欄には、無料動画視聴ページ、受講生の声などをすぐに見られるように入れておきます。

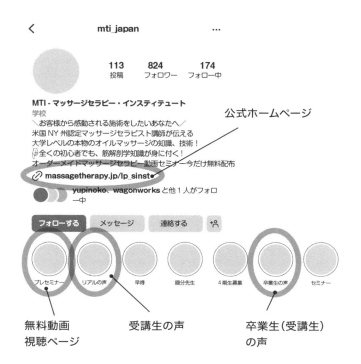

公式ホームページ

無料動画
視聴ページ

受講生の声

卒業生（受講生）
の声

ランディングページとは？

LP（ランディングページ）とは、Landing Page の略称です。Landing には「着地」という意味があります。広告ページや検索ページなどから移動してきたお客様がこのページに「着地」し、イベントに参加する、相談会に申し込む、スクールの入校手続きをするなど、具体的な行動に移してもらうためのページとなります。

ランディングページの特徴は次のとおりです。

1. 知りたい情報のすべてがこのページに集約されている。

2. 順番に必要な情報を紹介することができる。

3. 移動するリンク先が少ない。

＊ランディングページは、個人で作成できるサイトもありますが、はじめての場合は、ランディングページを作成する会社に依頼したほうがよいでしょう。

【記載するべき内容】

　スクール公式 Instagram またはスクール公式 LP では、以下の内容を入れ込みます。

- ・キャッチコピー
- ・サービスの内容が想起できる写真
- ・お客様の悩みを提示
- ・実際の受講者の成功の声（はじめてスクールを立ち上げる場合はいりません）
- ・スクールが選ばれる理由（特徴ではなく選ばれる理由として伝えます）
- ・次に zoom 個別相談会の参加特典の提示をします。
- ・プロフィール欄に無料動画視聴ページの URL を貼ることと、受講者の声など LP に掲載するべき内容をハイライト欄に記載しておきます。

〈例　JTTMA（日本タイ古式マッサージ協会）ランディングページ
https://www.jttma.com/3stepmovie/〉

もっとも重要なファーストビュー（最初に目に入る箇所）には、キャッチコピー＋サービスがすぐにわかる画像＋LINE登録特典である無料動画

選ばれる理由を
3つから5つ掲載

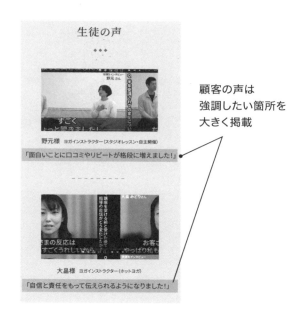

生徒の声

***

野元様 ヨガインストラクター(スタジオレッスン・自主開催)

「面白いことに口コミやリピートが格段に増えました!」

大畠様 ヨガインストラクター(ホットヨガ)

「自信と責任をもって伝えられるようになりました!」

顧客の声は
強調したい箇所を
大きく掲載

　さあ、この1）～4）の4つが設置できれば、いよいよ
あなたのスクールはいつでも募集が開始できるようになりま
す。ここまでの準備は、スクールの企画から90日間（3か
月程度）で完了できます。

　そして、募集開始から3か月後を開講時期として、それま
でを受講生募集期間と考え、募集を始めるとよいと思います。
この募集期間中には、できる限りの方にあなたのスクールに
関心を持ってもらう必要がありますので、次に、具体的な集
客方法についてお伝えしていきます。

Day 81~90

告知の準備をする

　スクールの告知方法はさまざまありますが、考え方としては無料でできる方法をすべて行い、無料で行った施策で入校者ができてきたら、有料で行う施策を実行していきます。

【無料でできる集客方法】

①あなたのことを知っている人にスクールの開講を知らせる

　スクール開講未経験者の方であれば、ご自身の SNS アカウントで、スクールの無料動画ページの登録を促す案内をしていきましょう。なんといっても、あなたのことを知っているかどうかは大きな違いになります。

② YouTube、Instagram で本編を想起できるショート動画配信する

　YouTube であれば、LP に掲載されているテーマとは別のテーマのお試し動画（10 分前後）を作成します。さらにその内容を切り出した 1 分以内の Instagram 用のリール動画、

投稿を作成し、あなたを知らない人にも広めていきます。

③オンラインスクール販売サイトへの掲載

Umedy（https://www.udemy.com）という、さまざまなオンラインスクールの講座情報が掲載されたサイトがあります。あなたのスクールの認知を広める行動の一つとして、トライするとよいと思います。

【有料の集客方法を使う場合】

ステップ③でお問い合せがあり、1名でもスクールに入校決定者が出たら、広告集客にトライしていきましょう。広告を使うメリットは、ステップ③で認知を広めるスピードに比べて、圧倒的に早く、より多くの方にスクールのことを知っていただける点です。

逆にデメリットは、費用がかかる点です。かけた広告費以上の売り上げが構築できるようにしなければなりません。

まずは無料での集客をメインに行い、費用対効果を慎重に検討したうえで、有料の広告に挑戦するようにしましょう。

個別相談会の
準備をする

　これまでのプロセスと違い、ここまで来ると対象者の方は
あなたの目の前にいる状態となり、スクールへの入校をご検
討いただけている状態となります。

　大切なことは、**興味を持った方に、いかに高確率で入校い
ただけるか？**　ということです。

　理想をいえば、個別相談にご参加いただいた方に100％
の確率でご入校いただくことですが、50％以上の確率で入校
いただけるようになると、有料の広告を使っても、十分に回
収できるようになります。

　このプロセスでは、無料動画以上の価値を体感いただき、
自分のキャリアップに必要だと、確信いただくことです。さ
らに、受講料の支払いなども含めて、あとは申し込みをする
だけという状態をつくることが重要になります。

【効果的な方法】

① zoom　セミナー

　有料または、初回参加無料というような形で、1時間または2時間程度の短い時間で本編のスクールを体験できるWEBセミナーを開催し、案内します。

② zoom　個別相談会

　WEBセミナーと異なり、1対1で受講検討者の教材の詳細を簡単に体感してもらったり、状況に合わせたカウンセリングを行い、入校するメリットを提示し、決断への支援をします。

　上記のどちらかのプロセスでスクールの入校促進をします。セミナー、個別相談会、どちらにせよ、単純にスクールの特徴を伝える売り込みセミナー、商談のような形にせず、受講検討しているキャリアの課題を解決する手段としてあなたのスクール受講を提案するイメージで対応します。

　参考までに次ページから、弊社内で共有している個別相談会の心構えをこちらに記載します。入校前、入校中、入校後も含めて一貫してカスタマーサクセスが実現できるコンサルティングをするような心構えで対応することが重要です。

個別相談会の際には、スライド共有しながら行いますが無料動画で作成したスライドに受講料詳細、入学までの流れを記載したスライドをそのまま使用します。

【個別相談会のポイント】

①個別相談の提供価値は「課題解決の道筋を示し未来が開けた」と感じてもらうこと

　私たちは、個別相談という機会を通じて、クライアントの課題解決の道筋を示し、相手の期待に応え、相手の未来を明るく照らすことを目標としています。個別相談にやってくるクライアントは、あなたのスクールに期待を持っています。忙しいクライアントが、申し込み、ヒアリングシートを書き、zoom をつなぎ、1時間半という時間をとること自体がとても稀なことです。

　その理由は、「ここなら何かあるかも！」「ここなら、これまでの悩みを解決してくれるヒントがあるかも！」という期待があるからです。その期待に応えることが私たちの使命です。そのためには、「何に悩んでいるのか？」「これまで取り組んでうまくいったことや、いかなかったことは？」「望む未来は？」などをしっかり把握します。それがわからなけれ

ば正しい提案はできず、期待にも応えられません。

　ヒアリングの結果、これまで培った知識や経験を総動員して徹底的に考える。そうして役に立てると思うなら、わかりやすく伝え、相手に理解してもらうのです。もし役に立てないと思うなら、その理由をしっかりと伝えることも忘れてはいけません。その結果、相談者が、自分の未来が開ける気持ちになれることが個別相談の価値なのです。

②相手への「正しい配慮」が信頼を築く

　私たちは、「正しい配慮」にこだわります。その積み重ねの先にのみ、相手との信頼関係があると考えるからです。たとえば、難しい専門用語を使わず、わかりやすい言葉で説明する。イメージしにくいものは事例を交えて納得感を高めるなどさまざまです。

　また、相談時間が必要以上に長くならないように気をつける。相手のことを知る事前準備をしておくことも配慮の一つです。相手と関わるうえで、配慮や気遣いができる場面はたくさんあります。

　ただ、勘違いしてはいけないのが、**配慮とは「下手に出る、とにかく優しく接する」ではない**ということです。間違った

配慮は、逆に相手との信頼関係を壊します。たとえば、年齢が上というだけで過剰に敬い、下手に出る、ペコペコすることは、信頼関係を壊します。

　下手に出ることも上から目線になることもない対等な立場で、成すべきこと（相手の課題解決）に全力で立ち向かう。そのために言わなければならないことは、否定こそしないものの、しっかりと伝える（提案する）。そんなプロとしてのスタンスを貫きます。

　専門家として必要なことを提案することが正しい配慮です。この積み重ねが、相手の警戒心を柔らかく溶かし、真の信頼関係への道が開けるのです。

③聞くことが課題解決のファーストステップ

　私たちは「相手の手に入れたい未来を実現するための課題解決」に努めます。そのためには、相手の現在・過去・未来を聞くヒアリングを大切にしています。

　現在：「現状に対してどのように感じているのか？」
　過去：「その現状の課題、不満の原因はなんであると思っているのか？」
　「その課題解決のためにやって来た具体的な行動はどんな

ことか」

　未来：「手に入れたい未来はどんなものなのか？」

　こういったことを理解しなければ始まりません。ただし、**答えは相手の中にあります。**私たちの想像ではたどり着けない場所に答えがあるのです。だからこそ、徹底的な「ヒアリング」にこだわりましょう。

　もし、自分が病院に行ったときに、症状をしっかりと聞かれずに診断を下されたら安心できますか？　旅行代理店に行ったときに、希望を詳しく聞かれず提案されて、納得のいくものが出てくるでしょうか？

　おそらく病院では不安になり、旅行代理店では納得のいく旅行にはならないでしょう。

　個別相談の場でも、ヒアリングが不足していれば、これに近いことは起こり得ます。だからこそ、相手に最適な提案を行なうために、情報が少ないのであれば、聞くことを恐れず、しっかりとヒアリングをします。すべてはお客さまの中に答えあり。これを常に考え、徹底的な聞くことにこだわります。

④プレゼンテーションは相手との対話である

　私たちは、プレゼンテーションをするときに、相手との対

話を意識します。そもそもプレゼンテーションは、自分が考えていることを伝え、それを聞き手に理解してもらい、行動を起こしてもらうための技術です。

　ただ、どんなに口がうまくても、どんなに言葉巧みに行動をさせようと熱く語り続けても、一方的に話すだけでは期待する結果は得られません。プレゼンテーションは、聞き手を意識し、聞き手にとってどのように伝れば、もっと自身の課題解決に最適であると感じていただけるか、ＷＡＮＴ（欲しいと思ってもらう）をつくる意識を持って対応します。

　またそのつど相手がどのように感じているかを確認する質問をすることで、認識を踏まえた対応をしていきます。

⑤やるのはクライアントであるという意識を持ち、決断する支援を徹底する！

　私たちは、決断の支援に徹します。個別相談における決断とは、あなたのスクールに対して真剣に取り組むか否かの決断です。

　決断し、行動するから次の現実が見えてきます。そして、見えた現実でさらに決断と行動を繰り返す。そうして人は理想の未来に近づいていきます。

　ただ、実際に学ばれるのは、クライアントです。さまざ

なできない事情＝ＣＡＮＴ（普段の生活、仕事、プライベートのスケジュール、過去の経験に基づく自分のキャパシティーへの認識、収入と学びのために投資できる金額イメージ）があります。それらを充分確認し、理解し共感することが必要です。人は失敗経験が多いほど、上記のようなＣＡＮＴの理由をつくりやすいのです。

　だからこそ、クライアントは現状に不満、課題を抱えています。変えるきっかけをつくるのは私たちであるという強い気持ちを持ち、「このままやらなかったら、最悪どうなりそうですか？」というヒヤリングに戻し、理想の未来の実現には行動が必要（ＭＵＳＴ）であると確信をしてもらいます。

　このようなことは、１人ではなかなかできません。だからこそ、私たちはその支援に徹します。具体的には、学習開始日を早めに設定すること、期日を設定すること、次の打ち合わせの日程を先に押さえてしまうこと、仮申込書を入力する日時を決定すること、決断を促す締めの言葉を使うなど、さまざまです。忘れてはならないのは、すべて決断をしやすくするための支援であり、私たちは決断の支援者であるということです。

⑥相手を救う専門家になるため、学び成長し続けなければならない

　個別相談の提供価値が課題解決の道筋を示すことである以上、私たちは課題解決の道筋を示すことができる存在でなくてはなりません。

　個別相談には、課題の重症度や業種、キャリアのタイプなどさまざまな人がたずねてきます。さまざまな人の課題に対して解決の道筋をしっかりと示し、価値提供をし続けるには、この道のプロとして知識や経験をアップデートし続けること、事前準備の徹底をすることが不可欠です。私たちは、専門家として学び成長し続け、より多くの人を救えることに誇りと責任感を持って日々取り組みます。

⑦対応は、一期一会「相手の人生を変えるきっかけとなる熱意」

　私たちは、「知識」や「スキル」だけでなく、「熱意」も相手に届けます。私たちからしたら数多くある個別相談の1回かもしれませんが、相手からしたら私たちとの相談はこの1回に集約されます。

　無料相談は、相手も真剣で、貴重な時間を使って参加して

いる、そんな大切な機会です。だからこそ、考えられるすべてを尽くし、この方のキャリアを望む方向性に導けないかと考え、その内容を必死に伝えます。

個別相談会の対応は、一期一会であるという意識を持ち、1回、1回の対応に自分が出せるものはすべて出すという気持ちをもって接します。

「相手の課題を何とか解決するぞ」という気持ちを持つ。これが熱意です。これが相手に伝われば、この人なら何とかしてくれそう、という信頼が生まれるでしょう。もし、相手が不安になっていれば、「大丈夫ですよ、こうすればできます」と安心させる言葉を伝えてもいいかもしれません。私たちは、知識やスキルだけでなく、熱意も駆使して相手に価値を届けます。

あなたの対応の一つ一つにより、相手の人生が確実に変革する一助となるという意識と使命感を持って対応しましょう！！

task

申し込みから受講開始まもでを設計する

　多くのスクールの運営者が、このプロセスを単なる事務手続きとして対応してしまっていることがあります。実は受講者側からすると、もっとも緊張しているタイミングであり、モチベーションが高まっている段階です。

　このタイミングで入校後につながる体験設計をしていくと、印象がかなり変わります。体験設計とは、何か物を購入したあとにサービスの価値を感じることができるような機会をつくることです。あなたのスクールに申し込まれた受講生は、講座開始までの間に、自分の判断で間違いないか不安に感じることがあります。開講までをワクワク過ごしていただくため、スクールの価値を感じられる体験設計をつくることが重要となります。

　ここで大事なことは、入校手続きを事務的にせず、このプロセスでもモチベーションを高める工夫をするということです。

①申込フォームに工夫をする

このプロセスを、単に個人情報の入力やキャンセルポリシー同意などのお約束の入力をしてもらうだけにすることは、非常にもったいないです。

申し込みフォームには、申込をする動機、受講後に得たい未来を記載していただくと、受講生の期待度、望むことがよりわかりやすくなります。弊社スクールには、以下のような質問を入れています。

〈モチベーションを高める入学願書の項目〉
以下のような質問項目を設けます。

質問①
受講後の希望、夢をできるだけ詳細にお書きください。
質問②
あなたの想い、意気込みを！　熱く熱く熱く……。

②申し込みから入金

このプロセスは、入金方法、期日などの必要な情報が返信メールに記載されていることはもちろんですが、早く入金い

ただくことによる受講者のメリットを、しっかりと提示することが重要です。特に受講者としては、1日でも早く、受講により得たい未来に近づく体感ができるようになると、購入について間違っていなかったと確信が持てるようになります。

〈メリット例〉
・入学前授業映像の視聴権利（本編の学習映像の一部を視聴できるようにする）
・有料セミナー映像視聴権利（本編とは別のセミナー映像の視聴権利を付与する）
・受講生専用チャットグループで講師への質問権利
・講師による入学前のオリエンテーション、学習ガイド

③入金から受講開始

　オンラインに慣れていない受講生は、オンラインスクールを受ける際の操作、課題を提出するためのパソコン操作でつまずき、モチベーションを落としやすい段階です。
　このタイミングで労力を惜しまず、細かいサポートをしましょう。ここで受講者との信頼関係を高めることができます。
　しかしこのような受講内容と関係のない、操作などの質問

については、一度はしっかりと対応します。しかし、その後の操作方法の調べ方などは、検索方法を紹介するなど、自分自身で見つけていけるようにガイドし、自立を促すようにするとよいでしょう。

【Day71~90】チェックポイント

　募集開始の準備は OK ですか？

　これまでさまざまなスクールを運営してきましたが、一番緊張するのがこの募集開始のタイミングです。いざスタートすると想定どおりにいかないこともありますが、スクールを開講して得たい未来、情熱が明確になっているあなたであれば、何があっても大丈夫です！

□無料相談会動画の撮影が完了している。

□スクール公式 LINE を開設しステップ配信の設定が完了している。

□スクール公式 Instagram が開設され無料動画視聴ページへ誘因できるようになっている。

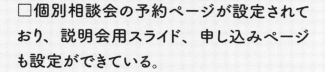

check point

□個別相談会の予約ページが設定されて
おり、説明会用スライド、申し込みページ
も設定ができている。

□募集開始をして想定どおりいかないこと
があっても、エジソンマインド（うまくいく
までやり続ける）でやりきる気持ちを固め
られている。

「学びたい！」という気にさせる講座のつくり方

授業がスタートします！ ここでは動き始めたスクールの運営のポイントをお伝えします。実はスクールが開講したあとは、この箇所が最も重要になります。

task

「脱落」させない
講座のしくみをつくる

スクールの募集開始と同時に受講者を受け入れる準備も
進めていきます。カリキュラムで作成した教材の準備、受講
開始後の学習体験の設計をします。

**オンラインスクールの最大のメリットは、映像教材を繰り
返し自分のペースで学習できること。デメリットは受講者の
理解度を確認しながらペースを調整しづらいこと**です。

学習の理解度は、受講生のレベルや費やす時間で、かなり
個人差が出てしまいます。ここを放置すると、脱落者が続出
してしまいます。脱落者が続出すると、せっかくオンライン
でできた時間の余力を、脱落者のフォローに追われる事態に
なります。このようなことを避けるためには、**受講前にオリ
エンテーションを行うと効果的**です。

オリエンテーションでは、つまずくポイントや、目標達成
のために最適な学習ペースなどを伝えます。またその際に講
師側が受講者の状況（性格、PC スキル、学習に避ける環境）
などを確認しておくとよいでしょう。

学習プロセスをインプットしたら必ずアウトプットして

もらいます。スクール側が設定している合格ラインに到達できているかどうかを、自己チェックできるような学習プロセスを設計しておきます。

【脱落しない講座とは？】

①授業映像を視聴（インプット）

②授業映像を受けて課題を提出（アウトプット）

③各科目のゴールを達成したかわかる小テスト（自己チェック）

④ zoom 講義、リアル講義で講師がフィードバック（フィードバック）

⑤講師とのリアルまたは zoom での個別セッション（コーチング＆フィードバック）

⑥受講生同士が自然とつながるような学習体験をつくる（コミュニティー）

①〜⑥で学習のモチベーションを左右するのが、⑥の受講者同士のコミュニティーです。⑥が早い段階でつくられることは、非常に重要です。学生時代を振り返っても、学習の内容よりも友人との交流で印象的なことが多くあるのではと思います。これはすべての年代にいえることです。

スクールの価値の一つとして、質の高い仲間との密度の濃い時間ができるようにカリキュラムを設計します。脱落しないということももちろんですが、口コミ、講座の継続受講など、プラスの効果にもなるという点で非常に重要です。

　ちなみに弊社ではこの受講者同士のコミュニティーが自然とつくられるための仕掛けとして、次ページのようなことを行っています。

【コミュニティーを自然とつくる学習体験】

　①**リピート受講**（何度も顔を合わせる機会をつくる）

　②**在校生つぶやきチャット**

　（学習の悩みを共感し合える場をつくる）

　③**ペア＆グループワーク**

　（講義内でペア、グループをつくる場面をつくる）

　④**自主練、懇談会**

　（授業外で受講生同士が練習する場、懇談の機会をつくる）

　⑤**リトリート、合宿**

　（国内、海外で宿泊して学ぶ楽しい学習体験をつくる）

　この①〜⑤のプロセスをご覧いただき、思い出したことはないでしょうか？

　そうです。これはあなたがこれまでに通った小学校、中学校、高校、大学などで、これらのプロセスをすべて経験されているはずです。

　①は同じクラスになり、毎日顔を合わせるという経験。

　②は学校の帰り道などで、授業とは関係のない悩みごとを話す。

　③は体育の授業などで一緒に何かをやる。

　④は仲のいい友達と放課後に食事に行ったり、遊びに行ったりし、学校主催での懇談会がある。

　⑤は修学旅行などに行って、一気に仲よくなる。

　これらの経験は誰にもあると思います。学生時代のときは当たり前と思っていた体験が、大人になるとどんどんなくなり、さびしく感じたことはないでしょうか？

　ただそんなときに、あなたのスクールに入り、得たかった知識、技術、キャリアアップという想像していた学習的価値で終わらず、**学生時代に戻ったような自然とつながりができるような体験があったら、あなたならどのように感じると思いますか？**　楽しい体験は自然と伝えたくなりますよね？また顔なじみの受講者仲間が、授業内の課題で何か困っていることがあり、自分はある程度できていたら、自然とサポートをしたくなると思いませんか？

実はこのリピート受講、ペアワークがしっかりと定着すると、受講生同士が教え合うという状況が生まれます。習ったことを人に教えるという体験は、学習定着をさせるうえでもっとも効果的な方法といわれています。

　ちなみにアメリカ国立訓練研究所の研究によると、より効率のよい学習方法と学習定着率の関係は、「ラーニングピラミッド」という図（次ページ）で表すことができます。

　ラーニングピラミッドとは、学習した内容の脳への定着率を示したものです。学習定着率とは、習ったうちのどれくらいが実際に忘れ去られずにいるか、ということです。

　上部の、講義、読書、視聴覚、デモンストレーションは、外からの働きかけによって知識を取り入れるインプット型、下部のグループ討論、自ら体験する、他の人に教えるは、自分から外に働きかけるアウトプット型の学習です。特に下部の自ら積極的にアウトプットしていく学習法をアクティブラーニングといいます。

　受講生同士が教え合うのは、まさにこのラーニングピラミッドの最下層部分ということです。

ラーニングミラミッドとは

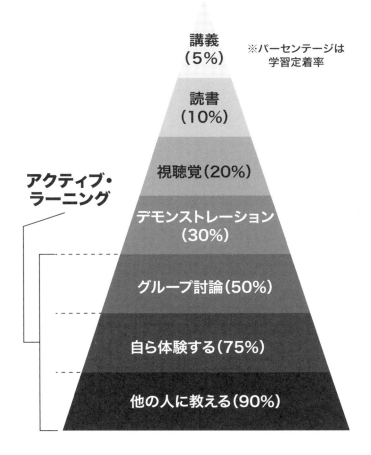

講義
（5％）

※パーセンテージは
学習定着率

読書
（10％）

視聴覚（20％）

デモンストレーション
（30％）

**アクティブ・
ラーニング**

グループ討論（50％）

自ら体験する（75％）

他の人に教える（90％）

【学習効果の高い方法】

　前ページの図のように、カリキュラムは、上方から下方の階層へと自然と展開されるように組み立てることが大切です。この流れで講義を行うと、より自発的・能動的に受講生が学習するようになります。講師側も、この図を意識して、受講生に働きかけをすることが重要です。

●オンライン提供できるもの

- **講義を受ける**（5%）＝ zoom 講義
- **読書する**（10%）＝テキスト
- **視聴覚（ビデオ・音声による学習）**（20%）＝録画教材を提供
- **実演を見る**（30%）＝録画教材を提供

●リアルタイムまたはリアルで提供するべきもの

- **他者と議論する**（50%）＝ zoom またはリアルでグループワーク
- **実践による経験・練習**（75%）＝リアル講義でペアワーク、リピート受講

・**他人に教える（90％）＝ペアワークでペアを指導、アシ
スタント講師としての機会をつくる。**

【教材の制作】

　カリキュラム、学習プロセスが固まってきたら、ここから
教材をつくっていきます。つくったことがない方にとっては、
教材はすごくハードルが高いように感じますが、ポイントと
しては、自分が知っている知識を網羅的にお伝えしようとせ
ず、受講者がカスタマーサクセスを実現するうえでの、学習
プロセスを考え、情報を最小限に絞り込みをすることです。

　講師は、その道のスペシャリストであるため、受講者より
も深い知識、技術を持っています。しかし、学びの最初の段
階では必要がなく、かえって混乱を招くような情報も詰め込
んでしまう方が多いのです。学びの主体は学習者である受講
者であるという意識を持ち、学習者の視点に合わせた教材を
作成する意識が必要です。

●教材を作成する方法

　①オリジナル製本テキストをつくる
　②市販テキストを選び、指定教科書にする

③映像教材のみにする

　教材を作成する方法としては、前ページの３パターンがあります。これまで教材を制作したことがない方は、②、③からスタートすると、スクール開講までの労力が、圧倒的に減るのでおすすめです。

　②の場合、その本に記載されている内容を補足する映像教材とともに、足りない箇所を補足するオリジナルの映像教材を組み合わせます。映像教材といわれると、カメラマンや映像編集者などを用意しないといけないと思うかもしれません。

　しかし、これからスクールをスタートする予定の方で、あまりコストをかけられない方もいることでしょう。その場合は無理に用意する必要は、いっさいありません。というのも、オンラインスクールの最大の価値は、受講者が自身の目標を達成することだからです。

　教材はあくまでも、それを補足するものでしかありません。キレイに映像編集がされた教材をつくっても、受講者に主体的に学習をしていただけなければ全く意味のないものになってしまいます。教材作成方法については、募集用の無料動画作成（133ページ）と全く同じ方法で作成していきます。

【座学講義の場合】

実際のつくり方は 138 ページも参考になさってください。

①カリキュラムに合わせたスライドを作成します

（PowerPoint、keynote などで作成）詳細の文章は記載せず、画像はポイントのみにします。

② zoom を 1 人で開き、画面を共有しレコーディングする

※スライドごとに伝えるべき項目をプレゼンテーションするイメージ。

※原稿が必要な方は、メモを別につくる。

③編集せずにそのままオンラインスクールプラットフォームへ映像データをアップ

【実技講義の場合】

以下の手順で作成します。

①カリキュラムに合わせた実技プランを作成

②スマートフォン、家庭用カメラを定点で撮影
　画面に見せたい部分が入っているかどうか、確認します。
　三脚などを使って定点で撮影しましょう。

③編集せずに、そのままオンラインスクールプラットフォ
　ームへ映像データをアップ

　このように最初は教材作成にコスト、手間をかけず作成することで、より早くスクール開講ができます。受講者には学習教材を使ってもらいながら、修正点、補足点を明確にし、教材を改善していくことに重点を置きます（52ページ。ＰＤＣＡ）。

　教材に完成はなく、スクール開講ごとにバージョンアップさせていくことでどんどん受講者の満足度が高まると考え、労力を惜しまないようにしていきましょう。

task

オンラインスクールの
ひな型（プラットフォーム）
をつくる

　スクールの教材、価格が決まってきたら、受講者とやり取りをするオンライン上の教室ともいえる、オンラインスクールプラットフォームを決定していきましょう。

　オンラインスクールプラットフォームとは、オンライン上の教室と考えてください。リアルな対面の講義の場合では、先生の講義を聞く実際の教室があり、紙のテキストがあります。オンラインスクールではそれらをオンライン上で行うようにしています。

　受講生は授業映像やテキストデータを視聴したり、課題提出ができたりします。運営者は受講生の学習状況などを把握することが可能となります。この、オンラインスクールに特化したサイトのことオンラインスクールプラットフォームと呼びます。

　近年、特に欧米で開発されているオンラインスクールプラットフォームは、利用料金が1万円以下のリーズナブルな価格でありながら、高品質のサービス提供されています。

　弊社で運営するスクールでは、主に映像教材、小テストを視聴するプラットフォーム、講師への質問、スクールからの連絡をする受講生専用チャット、受講生のレポート課題提出のための Google ドライブなどの複数のツールを使用しています。

　参考までに弊社が利用しているオンラインツール、プラットフォームを以下に記載します。

【弊社で利用しているアプリ】

●質問、受講生への連絡

・Chatwork(チャットワーク)

　　https://go.chatwork.com/ja/

・slack（スラック）　https://slack.com/intl/ja-jp/

●出席管理、課題提出

・Google スプレッドシート

・Google ドライブ

　＊ Google 検索を開き、それぞれ「スプレッドシート」「ドライブ」で検索します。

●教材視聴

・THINKIFIC（シンキフィク）
　https://www.thinkific.com/
・teach;able（ティーチャブル）
　https://teachable.com/

　いずれも使い方は、グーグル検索で、「■■■（アプリの名前）　使い方」と入れると、最新の情報とともに、使い方を絵解きで説明してくれます。

【質問、受講生との連絡】

　Chatwork（チャットワーク）と slack（スラック）は、複数人数でコミュニケーションを促進するための、ウェブベースのコミュニケーションツールです。メールの機能にプラスして、メッセージの宛て先を特定したり、全体にしたりすることが可能です。さらに、双方向でのやり取りも可能であるため、受講生と講師のスクールでは必須となるやり取りが行いやすくなります。Chatwork は日本の会社、slack は米国の会社が運営しています。

　Chatwork は、無料で登録できますが、スクール運営側は、1 人はビジネスアカウントを持っておくとよいでしょう。

Chatwork や slack では、次のようなことができます。

・**複数のメンバーとのチャットが可能**→受講者にいっせい
  に連絡がしやすい
・**過去のメッセージを検索できる**→他の人の質問への回答
  も学びになる
・**ファイルを添付できる、バックアップとして利用できる**
  →講義レジメの共有ができる
・**複数のデバイス（パソコン、スマートフォン、タブレット）
  から利用可能**→パソコンがなくても参加可能
・**特定のメンバーにメンション（通知）ができる**→質問へ
  の回答の際に便利

〈アプリ使用にかかる料金について〉

Chatwork は無料から始められますが、サブスクリプショ
ンで月ごとの支払いに2段階あります（2023年4月時点）。
金額に応じてできることが増えていくので、無料から始め、
必要に応じて機能を決め、月額の料金プランを検討するとよ
いでしょう。

slack は有料です（無料のお試し期間あり）。3種類のプラ
ンに、さらに大規模な使い方ができるプランの4つがありま

す（2023年4月時点）。

　いずれも、料金が上がるごとに、機能が増えたり、対象人数が増えたりします。スクールの規模や、これらのアプリを使ってやりたいことを検討し、プランを変えていきます。

　では、実際にどのような使い方をしているのか、弊社のスクールを例にとり、ご紹介しましょう。

【講師と受講生のやり取りチャット例】

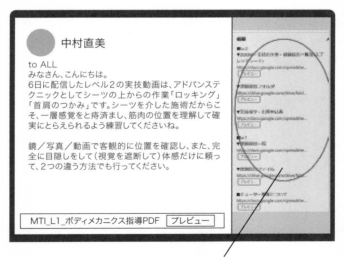

概要欄に課題提出先のGoogleドライブ、スプレットシートを記載する。

【受講生同士の主体的なコミュニケーションの場（つぶやきチャット例）】

 田中和子＠東京

〈夜活について〉
1月9日より夜活を始めます。
試験まで今日であと25日！ 試験に向けて筋肉学を仕上げていきます！

●内容
1）参加者でそれぞれ2～3回、問題を持ち寄る。
（自作のもの。Thinkfic や zoom 授業で先生が出してくだっさったテストも OK。どうしても準備できなかった方は、ボディナビの後ろにある筋肉作用から筋肉を上げていく問題や起始停止を出す問題でも良いと思います）

2）間違った問題を参加者で、どこを間違ったのかボディナビで確認する。

●条件
・画面は OFF でも結構ですが、声は出せるようにお願いします。

【オンラインスクール
プラットフォームについて】

　オンラインスクールプラットフォームは、受講料をご入金いただいた受講生限定で講義映像、テキストデータの閲覧権限を付与するなど、基本的な学習機能以外にもできることがたくさんあります。

　本書の冒頭でお伝えしましたが、私がオンラインスクールを構築しようとする際にまず課題になったのが、このプラットフォームをどこにするかでした。講義映像が映像のみであれば、いくつかの選択肢がありました。

　しかし、オンラインスクールでは、講義映像、テキスト、課題、小テスト、受講申込など、スクールとしての学習体験を複合的に実践していただきます。弊社では、コロナ前まで企業研修用のプラットフォームを利用していました。

　このとき、必要としている機能はおおむね兼ね備えていたのですが、料金設定が受講生1アカウントにつきいくらという設定になっていました。すると、利用者が100名以上を超えたあたりから、月々の支払い額が数十万以上するようになったのです。これでは、受講者が増えれば増えるほど、利用料が必要となり、負担が増えてしまいます。

　そこで、機能は同じで、利用料が安いサービスがないかと探していました。その結果たどり着いたのが、海外のオンラインスクールプラットフォームであった THINKIFIC、teach:able でした。

　この2つのアプリは、月額1万円以下で、オンラインスクールに必要な機能はすべて兼ね備えています。導入の際に、日本語訳への変換は必要だったものの、当時月額30万円近く、利用料がかかっていたところが、顧客満足度を落とさず、固定費コストを削減できたことは大きな決断となりました。

受講生が少数のときは、1アカウントごとの金額設定に

受講生が多くなると金額も増える

金額を計算し、受講生が一定数を超えたら利用料が定額のものを選ぶ

【教材視聴、小テストなど】

　THINKIFIC、teach:able はカナダの会社が開発した、オンラインスクールプラットフォームです。サイトは英語のみとなりますが、安価で機能も充実しています。翻訳ソフトでだいたいの内容を把握してもよいですし、これらのプラットフォームの使い方を説明しているサイトもあります。ぜひチャレンジしてみてください。

　THINKIFIC、teach:able は以下のことができます。

・受講者のみがログインできるオンラインスクールの作成
・講義映像、講義資料のアップ
・小テスト（クイズ）の作成
・販売サイト（ランディングページ。148 ページ）の作成
・受講料決済ページ作成
・動画の一括投稿・ストック
・生徒の進捗状況確認

【費用の比較】

費用に応じて使える機能が違います。はじめはフリーで試してみて、受講生とのやり取りに応じて、改良していきましょう。

2023年4月時点の料金表				
	フリー	ベーシック	スタート	グロー
THINKIFIC	0	36ドル	74ドル	149ドル
	フリー	ベーシック	プロ	ビジネス
teach:able	0	39ドル	119ドル	499ドル

プラットフォーム例です。プラットフォームは機能の優れたものが今後も登場するでしょう。まずはこの２種類のアプリそれぞれの特徴など、ネット上でも情報が得られますので、参考にされるとよいでしょう。

【講義映像】

【テキストデータ画面】

主なボディーワークの種類と位置づけ

1) ハード・ティシュー（硬い細胞組織：骨・軟骨）を対象としたもの
整骨、カイロプラクティック

2) ソフト・ティシュー（柔らかい細胞組織：筋肉・腱・靭帯・筋膜）を対象としたもの
整体、按摩、指圧、オイルマッサージ、スポーツマッサージ、リフレクソロジー、
トリガーポイント・セラピー、ロルフィング、マイオファッシャル・リリース・テクニック（筋筋膜療法）、
クラニオセイクラル・テクニック、リンパティック・ドリネージュ、ニューロマスキュラー・アプローチ

3) ムーブメント（からだの動き）に焦点を置いたもの
野口体操、アレキサンダー・テクニック、フェルデンクライス、ヨガ

4) エネルギーのからだを対象としたもの
鍼灸、レイキ、ポラリティーセラピー、セラピューティック・タッチ
伝統的な指圧、クラニオセイクラル・テクニック

【講座風景】

Day 91～

アンケートを行い、スクールの進化につなげる

　教材作成の箇所でもお伝えしたとおり、最初から完璧な教材、カリキュラム、サポートをしようと、スクールの販売開始を遅らせる必要はありません。

　なぜなら、スクールが構想段階の場合、いくら受講者視点で考えても、あなたの想像の域を出ないからです。ただし、一度スクールが開講すれば、受講料をお支払いいただいて受講者が生まれます。カリキュラムが終了すると、受講生達が当初掲げていた目標に対しての結果が出ます。

　カリキュラム終了後、客観的に把握するためにも、受講生に対してアンケートを行いましょう。その際、運営側が知りたいことを投げ掛けるだけではなく、受講者も結果の振り返りができるようにしましょう。

　そうすることで、運営上の課題が浮き彫りになるだけでなく、受講者の学習姿勢への課題も浮き彫りになります。受講生にとってもメリットを感じられるアンケートになります。

　この内容を受けて、カリキュラム、教材、サポート内容の見直しを行い続けます。もし、ほかに講師や事務局スタッフ

などがいる場合、スクールの方針、募集、運営状況を、関わるメンバーが共有する定例会議を開きましょう。ちなみに弊社運営スクールでは、多いと毎週、少なくとも月1回は講師と事務局で定例会議を行い、進化し続ける運営を目指しています。

【受講者アンケート質問例】

Q1　まず、2か月間学習を進めてみての感想をどうぞ。
　　自分を振り返ってみましょう！

Q2　映像授業の理解度はどのように思われますか？

Q3　疑問点などこちらでご質問ください。

Q4　映像授業の学習進捗はどうですか？

Q5　映像授業についてご意見や質問があればご記入ください。（任意）

Q6　課題（宿題）の提出状況はどうですか？

Q7　課題についてご意見や質問があればご記入ください。（任意）

Q8　zoom授業についてご意見や質問があればご記入ください。（任意）

Q9　あなたはこのスクールを友人、知人にすすめたいですか？　その可能性を評価してください。（絶対すす

めない 0 →ぜひすすめたい 10)。

0・1・2・3・4・5・6・7・8・9・10

Q10 普段接することが多いことが多い媒体を教えてく
ださい。（複数回答可）

Q11 上記のメディア検索をしたことのあるキーワード
を教えてください。

Q12 以下のキーワードで検索されたことはあります
か？（複数回答可。あなたのスクールを検索する
際に関連するワードを羅列する）

check point

【Day91〜】チェックポイント

　いよいよあなたのスクールが開講します!
　あなたの受講生に最高の感動体験を届ける準備は
OKですか?

□受講開始から終了までの学習体験の設
計ができている。

□授業教材撮影が最初の初月分までは
完了している。
※1期目の募集の場合、入校前にすべて
の教材が完了している必要はありません。
授業を行いながら内容を変えられるように
するためです。

□授業教材を提供する環境(オンライン
スクールプラットフォーム、Chatworkなど)
は整っている。

□入校予定者にオリエンテーションを行える状態になっている。

□入校者の目標の実現のために、スクールの運営のPDCAを回し、進化させる気持ちの準備ができている。

おわりに

　最後までお読みいただき、誠にありがとうございます。

　私の人生の初となる書籍を書き終え、感じることとしては、まさか私が人の人生の変容に関わる、スクール事業の本の著者になる日が来るとは思いもしなかった、ということです。

　なぜなら、私は学生時代、今回の書籍で書いているような、主体的に学んでいる受講生の方々とは全く正反対の、やりたいこともやる気もない、典型的なモラトリアム学生だったからです。学ぶこと、勉強に対するモチベーションは皆無と言ってよいほどでした。

　その私が、人生を主体的に切り開くためにオンラインスクールを活用することについて書いているのです。

　おそらく私の学生時代を知る両親、友人、かつての先生は、

　「おいおい、お前が主体的に学ぶなんて言うなよ！」

　と思っているに違いありません。

　ただし、そんなダメ学生だった私を間違いなく変えたのが、大学を卒業し、新卒で入社した資格取得のスクールを運営する会社でした。その当時何者でもなかった会社員の私は、スクール事業という人の人生を変えることに関わることができ、あらゆるビジネスで必要な要素（企画力、マーケティン

グ力、セールス力、商品改善力）が詰まった仕事に夢中になりました。

　おそらく、人生ではじめてスイッチが入った瞬間でした。気づけば、あれからあっという間に23年の月日が経ち、今この文章を書いています。

　だからこの本を読んでいるあなたにも、強くお伝えしたいのです。

　たとえあなたが今、どんな状況であったとしても、この本を読んでオンラインスクールの構築に少しでも関心があるなら、ぜひ勇気を出して、一歩踏み出してみてほしいのです。

　オンラインスクールを構築することで、きっとあなたは多くの人から必要とされ、今以上に充実感を得るはずです！

　もし、くじけそうになったり、壁にぶつかったりしたら、本書のＳＴＥＰ１を読み返し、あきらめずにＰＤＣＡを回し続けてください。きっとあなたの理想のオンラインスクールが実現できるはずです。

　そして、フィードバックがほしいと思ったら、ぜひいつでも私にお声がけください。

最後に、本書を書くにあたり多大なるご協力をいただきました、株式会社ブレインマークス代表取締役　安東さん、MTI（マッサージセラピー・インスティテュート）学長國分先生、JPYA（日本パーソナルヨガ協会）マスタートレーナー木村先生をはじめ、弊社に関わるスタッフ、講師、受講生の皆様に感謝申し上げます。

　これからも皆様とともに、最高のオンラインスクールを提供し続けていきたいと思っております。引き続きよろしくお願いします。

　また、編集担当である福元様には、私のわかりづらい原稿を初心者の視点でわかりやすく編集いただきましたことを深く御礼申し上げます。

「本書を読んでオンラインスクールを構築し、人生変わりました！　ありがとうございました」

　と、あなたに言われる日を楽しみにしております。

2023 年 4 月　堺谷 友晴

堺谷 友晴 （さかいたに ともはる）

オンラインスクール事業プロデューサー。株式会社 JTTMA 代表取締役。セラピスト、トレーナー、インストラクター向けスクール事業歴 22 年以上。2012 年に JTTMA（日本タイ古式マッサージ協会）を創業し、日本最大のタイ古式マッサージセラピスト養成機関として成長させる。またオンラインスクールでは、広告を使った再現性の高い集客から販売のしくみ、受講者が主体的に学び、成果を出すオンラインの学習システムを確立。このしくみを使って、セラピストスクール講師、ヨガインストラクターと０からオンラインスクールを構築、募集開始 3 か月で 3000 万円以上を売り上げる。現在、最短で成功するオンラインスクールを構築する方法を指導し、セラピスト、トレーナー、インストラクターのスクール立ち上げに一貫して関わり、受講者の人生を変えるきっかけをつくる。こうした教育事業を通じ、ウェルネスエデュケーションで人々を幸せにするという、夢の実現のために日々邁進している。

協力　株式会社ブレインマークス（P37ワーク提供）

 ＊本書記載のワークは以下の堺谷友晴公式 LINE にご登録いただけますと、すべてダウンロード可能となります。

構築・宣伝・集客・受講生のフォローまで

オンラインスクール つくり方・育て方

2023年6月16日　初版第1刷発行

著　者　堺谷 友晴
発行者　東口 敏郎
発行所　株式会社BABジャパン
　　　　〒151-0073 東京都渋谷区笹塚1-30-11 4F・5F
　　　　TEL: 03-3469-0135　FAX: 03-3469-0162
　　　　URL: http://www.bab.co.jp/　E-mail: shop@bab.co.jp
　　　　郵便振替00140-7-116767
印刷・製本　中央精版印刷株式会社
© 2023 Tomoharu Sakaitani
ISBN978-4-8142-0551-6

イラスト　石井 香里　　デザイン　大口 裕子